JN437589

자곡동 편지

자곡동 편지

나상호 지음

새로운사람들

향기가 그리울 때마다 다시 읽기 위하여

소중한 사연을 담아 편지를 쓰고 부치는 즐거움, 누군가에게서 올 편지를 기다리는 설렘, 소중히 간직한 편지를 읽고 또 읽는 그리움, 사람과 사람을 이어주는 편지의 고마움 등과 같이 편지는 우리의 소중한 인연들을 연결해주는 역할을 하여 왔습니다.

지난 3년간 보산 나상호 교감님께서 보내주신 '자곡동 편지'에는 일원의 향기, 사랑의 향기와 깨달음의 향기가 실려 있었습니다. '자곡동 편지'의 향기를 통하여 마음 챙기는 법을 가르쳐주시고 세상 만물을 은혜로 대하는 방법들을 가르쳐 주셨습니다.

보산 나상호 교감님은 원기 104년(2019) 원불교 교단으로는 가장 교도 수가 많은 강남교당에 부임하시어 잠시도 쉴 틈 없이 법회, 4축2재, 열반기념제 등에서 설법을 통하여 저희 교도들의 삼대력 향상에 정성을 다 바치셨습니다.

원기 105년(2020)과 원기 106년(2021)에는 COVID-19 사태를 맞이하여 그동안 활발히 진행되던 교화 활동이 제약을 받고 교도들과의 만남마저 자유롭지 못한 시간들을 보냈습니다. 그럼에도 교감님의 '자곡동 편지'는 쉬지 않고 교도들을 찾아왔고, 평범한 듯 보이는 편지 속의 가르침은 오히려 더 큰 울림으로 다가왔습니다.

교감님께서 3년 동안 재임하시면서 보내주신 85통의 편지를 저희들이 고이 간직하며 향기가 그리울 때마다 다시 읽고자 교도들의 힘을 모아 책을 발간합니다. '자곡동 편지'를 읽는 분들이 일상생활 속에서 은혜를 발견하고 보은하는 계기가 되었으면 하는 바람을 가져봅니다.

원기 106년(2021) 12월 22일

원불교 강남교당 교도회

편지를 보내며

제가 교무(원불교 성직자의 호칭)로서 봉직하는 강남교당에 부임하던 날, 제가 머무는 회심당(會審堂)에서 바라보는 앞산은 하얀 눈으로 덮여 있었습니다.

이 편지를 한 묶음으로 많은 이들 앞에 선보이게 되는 때도 그렇습니다.

그간 3년여 세월이 흘렀지만, 그 새 2년 가까이 코로나19라는 바이러스가 우리의 일상을 묶어 두었습니다. 늘 만나던 그 이들도 못 만나고, 나에게 더할 수 없는 깊은 울림과 기쁨을 주던 소중한 도량도 맘껏 가지 못하고 그렇게 안타깝고 황당한 세월을 보냈습니다.

원불교 강남교당은 서울 강남의 자곡동에 있습니다. 2000일 기도 공덕, 2만인 불사 동참으로 5년 전 서초동에서 이곳으로 옮겨와 더 많은 인연들이 원불교 가르침에 젖게 되었지요.

교무로 지내면서 도반들 한 분 한 분 만나 살아가는 이야기, 마음공부 이야기 등 법담(法談)을 나누면 좋은데 사정들이 달라 늘 그렇게 하지 못해 미안했습니다. 그래서 '편지를 쓰자' 했습니다.

교당이 있는 곳의 지명을 담아 정감 있게 '자곡동 편지'라 하였습니다. 사실 저의 마음공부 이야기를 편지에 담아 보낸 것입니다만, 그게 강남교당 도반님들에게도 설렘과 위안이 되었나 봅니다. 아마 불안한 팬데믹 상황 한가운데 있다 보니 더 그랬을까요.

시간이 지나면서 편지를 받은 도반님들이 학창시절 친구들 멀리 있는 가족들에게도 보낸다고 하기에 원불교를 잘 모르는 분들도 배려하면서 쓰게 되었습니다.

우리는 진리 안에서 태어나 진리 안에서 살다가 진리 안에서 죽고 다시 진리 안에서 태어납니다. 그 진리를 각기 몸담은 공동체마다 이름을 달리 부를 뿐입니다.

그 진리를 알아차리면 삶이 여유로워지고 밝아지고 더 선한 업을 지으며 살게 되지요.

제가 편지에 담아 보낸 소식은 오늘 내 앞에 있는 진리 이야기입니다. 편지를 읽으면서 마음에 울림이 있고 편안해지고 밝아진다면 그것은 아마 같은 진리를 보고, 듣고, 말하고 같은 진리를 알아차리는 마음이 있기 때문일 것입니다.

머잖아 불안함과 불편함도 사라지는 때가 올 것입니다. 그때도 '자곡동 편지'를 꺼내 보면 다시 또 위안이 되고 마음이 밝아지는 인연이 되기를 바랍니다.

편지를 쓰는 세 해 동안 계절은 열 두 번이나 바뀌었는데 자곡동은 한결같습니다.

편지를 묶어 많은 이들과 공유해주신 강남교당, 더 아름답게 정갈하게 다듬어 준 박순용, 김세명 도반, 그리고 기꺼이 출판을 맡아주신 새로운사람들 출판사 이재욱 사장님 감사합니다.

원기 106년(2021) 12월
자곡동 회심당에서
나상호 교무 합장

차 례

제2장 사람의 향기

제3장 깨달음의 향기

제1장 일원상의 향기

당신은 나의 바탕입니다

오늘은 교당에 아름다운 음악이 가득하였습니다. '원 코러스 뮤직 캠프'가 종일 열렸고, 오후에는 클래식 감상이 있었지요. 오후 나절 3층 방송실 옆에 자리를 정하고 앉았습니다. 대각전에서 캠프를 연 '원 코러스'의 노래를 감상하기 위해서였죠. 언제 들어도 멋진 하모니입니다.

합창이 아름다운 것은 소프라노, 알토, 테너, 베이스가 서로 바탕이 되어 조화를 이루기 때문이죠. 서로 바탕이 되기를 거부하면 불협화음이 됩니다. 일원상 진리도 생멸 없는 진리와 인과보응의 이치가 서로 바탕이 되어 이루어졌지요. 그래서 '진공묘유의 조화'라고 합니다.

우리가 인연 지어 살아가는 사이도 마찬가지입니다. 서로 바탕이 되어 살면 상생이지만, 바탕이 되지 않으면 상극으로 치닫습니다. 은혜를 안다는 것(知恩)은 당신이 나의 바탕인 것을 믿는 것이고, 은혜를 갚는다는 것(報恩)은 내가 당신의 바탕이 되어준다는 것입니다.

성스러운 법회, 즐거운 법열이 있는 법회를 위해 늘 대각전 한편에 앉았으면서도 기꺼이 바탕이 되어 아름다운 화음을 선사하는 성가대에 마음 깊이 감사드립니다. 원 코러스, 당신은 나의 바탕입니다. 그리고 강남교당의 바탕입니다.

내가 할 수 있는데

지난주 수요일, 정산종사법어를 공부하는데 세전 교육편 유교(幼敎)의 도(道) 첫 말씀에 "사람의 성품은 원래 청정(淸淨)하여 선과 악이 없건마는 경계를 따라 선하기도 하고 악하기도 하다."라고 법문하셨습니다.

바꾸어 말하면 나의 성품은 원래 청정하여 무선무악(無善無惡)인데, 경계를 따라 나의 심력(心力) 여부에 따라 선할 수도 악할 수도 있다(能善能惡)는 말씀입니다.

심력이 바로 서 있으면 내게 좋지 않은 경계도 좋게 돌려 상생(相生)으로 만들지만, 심력이 바로 서 있지 못하면 내게 좋지 않은 경계를 좋지 않게 만들고 내게 좋은 경계마저도 좋지 않게 만들어 상극(相克)의 결과로 만듭니다. 누구나 성품은 무선무악한데 나의 마음작용에 따라 능선능악이 되는 것입니다.

법문을 연마하다 보니 대종경 수행품 59장 법문을 받들게 됩니다.

대종사 말씀하시기를 "본래에 분별(分別)과 주착(住着)이 없는 우리의 성품(性稟)에서 선악간(善惡間) 마음 발(發)하는(일으키는) 것이 마치 저 밭에서 여러 가지 농작물과 잡초가 나오는 것 같다 하여 우리의 마음 바탕을 심전(心田)이라 하고 묵은 밭을 잘 개척하여 좋은 밭을 만들듯이 우리의 마음 바탕을 잘 단련하여 혜복(慧福)을 갖추어 얻자는 뜻에서 심전계발(啓發)이라는 말이 있게 되었나니라. 그러므로 심전을 잘 계발하는 사람은 저 농사 잘 짓는 사람이 밭에 잡초가 나면 매고 또 매어 잡초는 없애고 농작물만 골라 가꾸어 가을에 많은 수확을 얻는 것 같이, 선악 간에 마음 발하는 것을 잘 조사하고 또 조사하여 악심(惡心)이 나면 제거하고 또 제거해서 악심은 없애고 양심(良心)만 양성(養成)하므로 혜복이 항상 넉넉할 것이요, 심전계발을 잘못하는 사람은 저 농사 잘못 짓는 사람이 밭에 잡초가 나도 내버려 두고 농작물이 나도 그대로 두어서 밭을 다 묵히어 가을에 수확할 것이 없는 것 같이, 악한 마음이 나도 그대로 행하고 선한 마음이 나도 그대로 행하여 자행자지(自行自止)하는지라 당하는 것이 고(苦)뿐이요, 혜복의 길은 더욱 멀어지느니라. 그러므로 우리의 천만 죄복이 다른 데에 있는 것이 아니요, 오직 이 심전 계발을 잘하고 못하는 데에 있나니, 이 일을 어찌 등한히 하리요."

들녘에 농사 잘 지으라고 봄비가 내리네요. 나의 마음 밭에도 봄비가 내리고 있겠지요. 마음 농사 잘 지어서 복과 지혜가 가득한 날이 늘 이어지기를 기도합니다.

그래 뿌리가 있지

4월입니다. 제가 머무는 회심당(會心堂) 창밖을 보니 동산에 있는 나무들이 봄바람에 이리 흔들, 저리 흔들 하고 있습니다. 그 모습을 보고 있자니 참 한가롭습니다.

그런데 저 바람이 왼쪽에서 한 번, 오른쪽에서 한 번 부는 것은 아니겠지요. 바람이 한 번 불면 나무는 다시 원위치로 서려고 하지만, 탄력으로 반대편에 쓸렸다가 다시 와서 또 바람을 맞으니 흔들리는 것으로 보이지만 지금 저 나무는 바람에 순응하며 공부하는 중입니다.

그런데 나무가 저리 온전히 서 있는 것은 뿌리가 있기 때문입니다. 더욱이 큰 바람에도 뽑히지 않을 정도로 뿌리가 깊다면 지금 저 정도는 바람맞이를 즐기고 있는 것이지요.

어제 해 질 녘에 산 아래 산책길을 걷다 보니 수명을 다해서 밑동을 잘라 그루터기만 남은 나무도 있었습니다. 물론 아기 손목보다 가는 나무도 있고요. 나지막한 저 산에도 산 나무 죽은 나무 큰 나무 작은 나무가 함께 뿌리를 내리고 있습니다.

나무만 뿌리를 내리고 살까요? 사람도 허공에 뿌리를 내리고 살지요. 그 뿌리가 깊어 신근(信根)과 심근(心根)이 깊다면 아무리 큰 경계가 와도 꿋꿋이 견디게 되지요. 그것은 자성의 정(定)을 잘 세우고 있기에 그렇습니다. 저 큰 나무도 저렇게 깊이 뿌리를 내린 것은 숱한 세월 눈과 비바람을 견디며 살았기 때문이지요. 사람도 그저 세월만 보낸다고 뿌리가 깊이 내리지는 않습니다. 경계를 당하면 공부할 때로 알라고 하셨지요. 그 마음을 놓지 않아야 뿌리를 내립니다.

무시선법(無時禪法)에 이르셨지요.

"경계를 대할 때마다 공부할 때가 돌아온 것을 염두에 잊지 말고 항상 끌리고 안 끌리는 대중만 잡아갈지니라. 그리하여 마음을 마음대로 하는 건수가 차차 늘어가는 거동이 있은즉 시시로 평소에 심히 좋아하고 싫어하는 경계에 놓아 맡겨 보되 만일 마음이 여전히 동(動)하면 이는 도심(道心)이 미숙한 것이요, 동하지 아니하면 이는 도심이 익어가는 증거인 줄로 알라. 그러나 마음이 동하지 아니한다 하여 즉시에 방심(放心)은 하지 말라. 이는 심력(心力)을 써서 동하지 아니한 것이요, 자연히 동하지 않은 것이 아니니, 놓아도 동하지 아니하여야 길이 잘 든 것이니라."

바람이 불고 있습니다. 바람을 맞는 나는 지금 어떤 나무입니까?

내 안의 해를 찾아요

'아내'를 일러 '안의 해', '집안의 해'라고 말하는 분들이 있지요. 그만큼 '귀한 존재'라는 것을 강조하기 위한 듯한데, 이를 두고 여성을 집안에 묶어 두기 위한 해석이라고 비판하는 입장도 있습니다.

이것을 '내 안의 해'로 돌리어 그 뜻을 새겨 봅니다.

해란 '영원하다' '밝다' '따뜻하다'는 의미를 담고 있습니다. 내게 영원히 꺼지지 않는 해가 있습니다. 나의 현생에만 있는 게 아니라, 이생에 태어나기 전에도 있었고, 이생을 마감하고 다음 생에 태어나서도 몸만 바꿀 뿐 내 안에 있는 그 해를 말합니다. 달리 '성품', '본성', '불성'이라고도 말하지요. 해에 생사(生死) 또는 생멸(生滅)이 없듯 내 안에도 그런 해가 있습니다. 그 해를 바로 본 것, 바로 안 것을 일러 '견성(見性)'이라 하지요.

내 안의 해를 알면, 저 하늘의 해처럼 '밝은' 지혜와 '따뜻한' 마음이 생깁니다. 그래서 성현(聖賢), 부처님을 일러 '지혜와 자비(慈悲)의 화신(化身)'이라 하지요. 마음이 밝으면 거기에서 따뜻한 마음이 나옵니다. 지금 내게서 따뜻한 마음이 나오지 않는다는 것은 내 마음이 밝지 않다는 것이겠지요. 그런데 그 마음도 그 상태로 굳어지는 것만은 아닙니다. 회심하여 다시 '내 안의 해'를 찾으면 밝은 지혜가 생깁니다. 내 안의 해를 가리고 있는 '그것'을 거두어 내려놓으면 됩니다. 못 찾아서 그렇지 내 안의 해는 항상 있습니다. 혹 선업을 짓지 못한 것을 자책하는 마음이 나거든 "아, 지금 내가 내 안의 해를 못 보고 있구나." 하고 회심하면 됩니다.

아침마다 눈을 뜨면 맞이하는 해입니다. 진리는 하루에 한 번은 내게 '내 안의 해'를 찾도록 일깨워 주시네요. 오늘도 아침에 맞이한 저 해를 따라 내내 지혜롭고, 만나는 인연마다 따뜻하게 대하는 하루가 되시기를 기도합니다.

잊고 있었던 그 소리

엊그제 시골에 내려갔습니다. 이른 새벽, 그 소리에 잠을 깼습니다. 새벽에 일어나는 시간을 맞춰 놓은 알람 소리가 아니고 닭이 "꼬끼오" 우는 소리입니다. 잠자리에서 일어나는데 여느 날과 달리 마음이 참 좋았습니다.

몇 달 전, 서울에 올라오기 전만 해도 새벽마다 듣던 소리를 그동안 잊고 있었던 것입니다. 그 소리는 원래 있는데 제가 처한 환경이 달라지니 못 듣습니다. 그 소리가 없는 게 아니라, 잊고 살았던 것이지요.

사실 우리가 잊고 사는 것은 비단 소리만이 아닙니다. 맛도 그렇고 냄새도 그렇고 보는 것도 그렇고 말하는 것도 그렇고 몸에 닿아 느끼는 것도 그렇습니다. 그것이 자연에 가깝고 나를 선도(善道)로 이끌어 선업(善業)을 짓게 하는 것이었으면 잊지 않고 살아야 할 텐데, 바쁘다면서 또는 멀리 떨어져 있어서 그렇다면서 잊고 삽니다.

마음은 더 그렇지요. 잊고 사는 마음 말입니다. 우리에게는 본래 청정한 부처님 성인의 마음이 있지요. 그 마음을 본성(本

性) 또는 불성(佛性)이라고 합니다. 그 마음이 있는 것을, 잘못 배워서 그렇기도 하지만 잘 배웠다 해도 편한 마음에 끌려 사느라 잊고 삽니다. 잘못 배웠든 알고 있지만 잊고 살았든 그 마음은 내 습성과 무관하게 본래 있습니다. 그 마음을 찾아야 마음 부자가 되고 마음의 자유를 얻는 길에 들어서는 것이지요.

원불교 소태산 대종사께서 말씀하시기를 "나의 본래 마음을 아는(깨닫는) '견성(見性)'을 비유하자면 부자가 자기의 재산을 자기의 재산으로 알지 못하고 지내다가 비로소 알게 된 것과 같고, 그 마음자리를 알아 일상에서 마음을 잘 쓰는 '솔성(率性)'은 이미 자기의 소유인 것을 알았으나 그동안 잃어버리고 지내는 동안 모두 다른 사람에게 빼앗긴 것을 여러모로 주선하여 그 잃었던 권리를 회복한 것과 같다."라고 하셨습니다. [대종경 성리품 8장]

오늘도 잊고 살았던 그 소리, 그 마음을 찾아 '부~자' 되시기를 기도합니다.

이 바람이 어디서 왔나?

무척 더우시죠? 그래도 입추와 말복이 지났다고 새벽에 불어오는 바람 속에 가을 기운이 조금 섞여 있는 듯합니다. 머잖아 눈이 시리도록 청명한 하늘을 볼 수 있겠지요. 그래도 이 더위에 고마운 동무가 있지요. 선풍기와 에어컨. 저게 없던 시절에는 어찌 살았나 싶을 정도로 고맙기 그지없습니다.

선풍기와 스위치를 누를 때 한 감상이 있습니다. 스위치를 누르면 바람이 일어납니다. 조금 전에 느끼던 더위가 가시지요. 그런데 스위치를 누르기 전에는 내 앞에 분명히 허공뿐이었는데 내 앞에 없던 바람이 어디에서 나왔습니까? 텅 빈 허공에서 나온 바람입니다. 더위가 가신 듯싶어 스위치를 끄니 바람이 없습니다. 그 바람은 어디로 간 것입니까?

내게서 일어나는 마음도 그렇습니다. 바로 어떤 분별과 집착도 끊어진(없는) 허공 같은 마음자리에서 나온 것입니다. 허공 같은 심지(心地)에는 원래 요란할 것도 요란하지 않을 것도 없고, 어리석을 것도 어리석지 않을 것도 없고, 그를 것도 그르지 않을 것도 없지만 경계를 따라 요란한 마음, 어리석은 마음,

그른 마음이 일어납니다.

죽은 몸뚱이가 아닌 다음에는 마음이 일어나게 마련입니다. 그런데 허공 같은 마음자리에서 한마음 일으킬 때 나는 어떤 마음을 일으킬까? 내 몸이고 내 마음인데, 그게 내 마음대로 되나요? 그러면 어떻게 해야 할까요? 그래서 마음공부가 필요하다고 한 것입니다.

한 제자가 정산종사께 여쭈었습니다. "우리의 본성(本性)에 무명(無明, 어두운 마음)이 일어나는 기원(起源)을 알고 싶습니다." 정산종사께서 답하시기를 "비유하자면 허공은 본래 청정(淸靜)한 것이나 한 기운이 움직임에 따라 바람이 일어나고 바람이 일어나면 구름이 일어나 천지가 어둡게 되는 것 같이 우리의 성품(본성)은 본래 청정한 것이나 마음의 동정으로 인하여 무명이 발생하게 되는 것이니, 마음이 고요하면 청정하여 명랑하고 마음이 움직이면 요란하여 무명이 발생하는 것이다. 그러나 마음이 움직이되 고요한 가운데 움직이면(動하면) 움직여도 움직이는 바가 없는 것(不動)이라 그대로 밝고, 움직이는(動하는) 가운데 요란하게 움직이면(動하면) 무명이 일어나서 어둡게 되는 것이다."라고 하셨습니다.

자, 내게서 일으키는 바람을 어떻게 일으키시겠습니까? 이제 마지막이라 생각하시고 선풍기, 에어컨과 벗하며 이 더위 잘 넘기시기 바랍니다.

나의 반려(伴侶)

아침 산책을 마치고 교당으로 돌아오는 길에 유모차를 밀고 오는 초로(初老)의 여성을 만났습니다. 이른 시간에 손자를 데리고 가는가 보다 생각했지요.

그런데 지나면서 보니 아기가 누워 있어야 할 자리에 강아지 한 마리가 다소곳이 앉아 있더군요. 목에 줄을 매달고 다니는 모습만 보았던 터라 흠칫 놀랐습니다.

우리 일상에 이제 '애완(愛玩)' 동물보다 '반려(伴侶)' 동물이란 말이 익숙해져 있죠. '가까이 두고 귀여워하거나 즐기는 대상'에 그치지 않고 곁에 있으면 위안이 되는 '짝'이 되어 있는 셈이지요. 가장 귀한 인생 배필을 두고 쓰는 '반려자'라는 말이 생활문화가 달라지면서 이렇게 보편화되었습니다.

사실 반려가 되는 것은 동물뿐 아니죠. 식물이나 무생물일지라도 내 옆에 있어서 안심이 된다면 반려로 여기지요.

부모가 만혼이 된 자녀에게 결혼 안 할 거냐고 재촉하면 "저는 이 일이 너무 좋아요. 저는 일과 결혼했어요." 하는 자녀도 있답니다.

불가에 짝과 관련된 화두(의두)가 있지요. '불여만법위려자시심마(不與萬法爲侶者是甚麽).' 우리말로 풀면 "만법과 더불어 짝하지 않은 것이 그 무엇인가."라는 뜻이지요. 시심마(是甚麽)는 우리가 익히 들어 알고 있는 '이뭣고'란 말입니다. '이뭣고' 화두의 원문이 이것입니다. 싹이란 상대(相對) 짓는 것을 말합니다. 나보다 크다(작다), 나보다 인물이 낫다(못하다), 나보다 많다(적다), 나보다 강하다(약하다), 나보다 높다(낮다) 이렇듯 분별하고 주착(집착)하는 것을 상대라 하는데 그처럼 상대하는 게 끊어진 것을 절대(絶對)라고 하지요.

'만법'이란 우주 만물 삼라만상(宇宙萬物 森羅萬象), 다시 말해 나를 둘러싸고 늘 은혜를 주고 있는 모든 것을 말합니다. 우리는 만법 속에서 태어났다가 만법 속에서 살다가 만법 속에서 죽고 만법 속에서 다시 태어납니다.

그래서 한시도 만법을 벗어나서 살 수가 없는 것이지요. 그런데 그 만법과 짝을 안 짓고 있는 게 나에게 있다는 것입니다. 그게 무엇인가 하는 화두입니다.

좌선을 마치면서 독송하는 휴휴암좌선문에 이런 구절이 있습니다. 眞如妙體는 不生不滅이라 視之不見하고 聽之不聞하며 空而不空하고 有而非有라.

진리의 묘한 참모습(이뭣고)은 원래 생멸이 없어서 보아도 보는 바가 없고(보는 데 끌리지 않고) 들어도 듣는 바가 없으며(듣는 데 끌리지 않으며), 텅 비어 없지만 없다고 단정하지 않고, 가득 차 있지만 있다고 단정하지 않는다.

우리 삶을 보면 혼자 왔다가 이런저런 반려와 함께하다가 혼자 갑니다. 그 반려 상대가 옆에 있을 때는 안심이 되고 좋은데, 없을 때는 허전합니다. 사람을 포함하여 내 일생 동안 함께하는 모든 반려를 합하여 '만법'이라 합니다.

그런데 늘 함께 있어야만 편안했던 그 반려가 내 곁을 떠나 없는데도 안심이 되고 허전하지 않은 경우가 있지요. 그것은 또 다른 반려를 찾았기 때문입니다.

반려도 생명이 유한한 반려가 있고, 생명이 무한한 불생불멸의 반려가 있습니다. 영원한 반려를 알고 함께하면 심신을 원만하게 수호하고 사리를 원만하게 알고 심신을 원만하게 사용하여 어떤 경계에든 안심이 되고 지혜가 밝으며 선업을 짓습니다. 그런 경지를 일러 '자성(自性)의 정을 세우고, 자성의 혜를 세우고, 자성의 계를 세웠다.'라고 합니다. '이뭣고'는 바로 그 반려자를 찾는 화두입니다.

관심(關心)과 관심(觀心)

며칠 전 11월 달력을 걷어내며 "어, 벌써 12월이네." 하였는데, 그마저 금세 1주일이 다 되어갑니다. 한 해의 마지막 달을 맞으면 으레 "세월 참 빠르네." 그러지요. 그만큼 보람과 아쉬움이 교차하기 때문일 것입니다.

이즈음이면 관심(關心)을 가졌어야 할 일과 관심(觀心)했어야 할 일들을 잘했는지 돌아보게 됩니다. 관심(關心) 가졌어야 할 일, 관심 가졌어야 할 인연을 잊지 않았다면 다행인데, 그렇지 못했다면 미안하지요. 그런데 관심도 도가 넘으면 불편을 초래하기도 합니다.

관심(關心)은 빗장을 거는 마음입니다. 나와 너, 둘로 나뉘어 있는 것에 빗장을 걸면 걸고 있는 동안은 둘이 아닌 하나가 됩니다. 그런데 우리 마음에 주어진 빗장은 하나만 있는 게 아니지요. 여러 빗장을 쓰는데 관심 갖고 걸어서 끝까지 함께 고락을 함께하는 빗장이 있는가 하면 걸어놓기만 하고 무심히 지내는 빗장이 있기도 하고, 같이 있기에 불편해서 얼른 빗장을 빼서 따로 있고 싶어 하는 빗장도 있습니다. 둘 중 어느 한 생이 수명을 다하면 절로 빚장이 빠지기도 합니다. 여하튼 세상을 혼자 살 수 없으니 빚장을 걸고 살게 마련입니다.

법문에 "무관사(無關事)에 동하지 말라." 하셨지요. 나와 관계있는 일에는 관계 짓는 마음을 내되 끝까지 마음을 잘 챙기라는 뜻과 굳이 관여하지 않아도 될 일은 관계 짓는 마음을 일으키지 말라는 뜻이 담겨 있습니다.

또 하나 관심(觀心), 즉 마음을 잘 보았는가 하는 것입니다. 우리가 살아가는 모든 일은 업을 짓는 일입니다. 거기에 반드시 재화라는 반대급부가 따르는 업도 있지만, 지금뿐 아니라 가깝게는 내일이나 멀게는 다음 세상에도 은혜를 입고 살게 하는 선업(善業)과 결과적으로 해독이 오게 하는 악업(惡業)을 짓는 일입니다.

몸과 마음을 사용하는 일이 업을 짓는 일인데 잘 지어가려면 일마다 경계마다 마음을 잘 보아야 합니다. 내 안에 일어나는 그 마음을 잘 보아서(觀心) 행하면 선업을 짓습니다.

마지막 남은 며칠, 올 한 해 나의 관심(關心)과 관심(觀心)의 정도를 찬찬히 살펴보고 내년을 준비하면 좋겠습니다.

산이 어디에 있지?

교무(원불교 성직자 호칭)는 매년 1주일간 익산 왕궁에 있는 중앙중도훈련원에서 수행 정진하는 시간을 갖습니다. 국내외에서 자기 일정에 따라 맞추어 오지요.

저도 한여름에 이곳에 왔습니다. 마음만 먹으면 어디인들 휴양하는 자리가 아니겠습니까만, 그래도 이런 시간을 가지면 한껏 심신 간 여유를 갖게 됩니다.

훈련원에 오니 달라진 모습이 있었습니다. 바로 앞에 건물보다 약간 높은 산이 있는데, 산주가 편백 나무을 식재한다고 온산을 간벌해서 민둥산같이 되어 있었습니다. 철 따라 다른 자태로 마음을 편안하게 하던 풍광은 어디 가고 마치 까까머리 같은 머슴애가 뚱한 표정을 짓고 앞에 서 있는 것 같으니 벌써 나흘째인데도 참 낯섭니다.

그런데 하나 달라진 것은 있더군요. 나무가 부성했던 예전에 그때는 보지 못했던 산 너머의 모습을 한눈에 볼 수 있네요. 나무에 가려 못 보아서 그렇지 원래 있었던 모습입니다.

마치 원래 있는 해를 구름이 가리고 있으니 보지 못하는 것과 같지요. 사람이나 사물을 볼 때도 그렇지요. 그렇게 한마음 가려 있으면 실상을 보지 못합니다. 내 앞을 가리는 그 마음은 어떤 마음입니까?

또 하나 소식이 있습니다. 교무님 한 분이 산을 보면서 "산이 제법 높은 줄 알았는데, 저렇게 나무를 잘라놓으니 산이 나지막하네." 하십니다. 나무가 무성했던 산도 산이고, 저렇게 민낯이 드러난 것도 산입니다. 무심코 지나서 그렇지 실은 저렇게 잘라놓은 나무 아래 있는 땅덩이를 포함하여 산이라고 하지요. 오히려 그게 바탕입니다.

지각 변동으로 처음 저 산이 이뤄졌을 때는 아무것도 없었지요. 거기에 풀씨도 날아오고 나무 열매도 날아오고(새가 배설하고 간 것도 부지기수이겠죠) 하면서 각기 인연 따라 땅이 응해줘 싹트고 자라다가 비바람에 쓰러지기도 하고 한편에서는 새로 자라나고. 그렇게 헤아릴 수 없는 오랜 세월을 지내왔을 것입니다. 그 사이 계절 따라 푸른빛으로 단풍으로 나목으로 변했을 것이고요. 그렇게 변화하는 이치 따라 하루하루 이어왔을 것인데, 그 바탕은 여여합니다.

우리 마음도 그렇지요. 인과보응의 이치와 각자 업연 따라 진강급(進降級)을 하고 그 사이에 마음은 희로애락으로 천변만화(千變萬化)하며 돌고 돌았을 터. 그러함에도 생멸 없는 마음자리는 내게 본래 있습니다.

자, 여기에 서 있는 '나'라고 이름 지어진 '산(山)'의 본래 모

습은 어떻습니까? 바쁜 일상이시겠지만 그 산을 찾는 시간을 잠시라도 가져 보시기 바랍니다. 그 마음을 찾아 오늘도 행복한 하루가 보내시기를 기도합니다.

어둠의 역설(逆說)

겨울이 되니 제가 기거하는 방에도 찬바람이 들어옵니다. 외풍이 들어오지 않게 창문에 막을 설치하려고 해 질 녘 창가에 올랐습니다. 발을 딛고 설 수 있을 정도로 충분한 공간이 있습니다. 물론 창도 튼튼하고 유리도 두텁습니다.

커튼을 걷고 올라섰다가 20m 아래 땅을 내려다보니 마치 저 아래로 추락할 것 같은 두려운 마음이 들었습니다. 그 마음을 벗으려고 일부러 하늘 쪽을 보면서 작업하였지요. 3분의 2쯤 하였을까요. 저녁 공양을 하라고 연락이 왔습니다.

공양 후 담소를 나누다 보니 한 시간이 훌쩍 지났습니다. 이미 날이 어두워진 시간입니다. 다시 발을 딛고 올라갔는데 창밖이 캄캄해서 아무것도 보이지 않고 창이 거울처럼 되어 거기에 비치는 제 모습만 보였습니다. 물론 두려운 마음도 없이 일을 금세 마쳤지요.

똑같은 위치, 똑같은 자리에 올라섰는데 두 마음이 달리 나타난 이것은 무슨 차이일까요?

창이 튼튼하여 떨어질 가능성은 없다고 믿으면서도 정작 떨어지면 큰일이 날 수 있는 높은 곳에 올라와 있다는 한 생각에 순간적으로 두려움이 일어났습니다. 그런데 이제는 그 어둠 덕분에 높은 위치에 대한 두려움이 없고 튼튼한 창을 있는 그대로 믿고 그 하던 일을 마무리한 것입니다.

불가에서 지혜를 기로막이 실체를 보지 못하게 막는 장애를 일러 어둠 또는 무명(無名)이라 합니다. 그런데 오늘은 이 어둠이 '높다'는 분별심을 잊게 하니 두려운 마음도 일으키지 않았습니다. 어둠의 역설(逆說)이네요.

그런데 또 다른 한 감상이 있었습니다. 종교가에 계문이 있지요. 성현께서 중생을 위해 죄업을 짓지 않도록 자비심을 베풀어주신 법문입니다. 마치 튼튼한 창과 같지요. 만약 오늘처럼 높은 위치에 서 있는데 창이 튼튼하지 않았을 경우, 밖이 캄캄해서 보이지 않으니 두려움도 없으므로 방심하여 몸을 부실한 그 창에 기대면 저 아래로 추락할 수 있겠지요. 이 또한 어둠의 역설이네요.

그러고 보면 공부를 깊게 하는 처지에서는 '어둠'이라 하는 것마저 한 상(相)에 머물러 있는 것이겠지요. 밝은 세상에 마음을 알아 마음이 어둡지 않게 살아가는 게 마음공부 하는 사람의 도리인 것 같습니다. 1주일 남은 세밑 잘 보내시기 바랍니다.

그럼 선물 못 주는데

라디오를 듣는데 애청자가 보내온 글이라며 진행자가 읽어 주었습니다. 한바탕 크게 웃었습니다. 사연인즉 이렇습니다.

초등학교 다니는 아이가 엄마에게 크리스마스 선물을 달라고 했답니다.

“선물은 산타클로스 할아버지가 주는 거야?”

“산타클로스 할아버지 안 믿어요. 그 선물 엄마 아빠가 주는 줄 알고 있었어요.”

아이는 구체적으로 선물 목록까지 거명하더랍니다. 엄마는 황당해서 물었죠.

“언제부터 알았니?”

아이가 답은 안 하고 웃기만 하자 엄마가 대뜸 그랬대요.

“그럼 선물 못 주는데…….”

아이가 울먹이며 따지듯 되묻더랍니다.

“아니 왜요?”

“너, 어른이 산타클로스 할아버지에게 선물 받는 것 봤니?”

엄마는 우는 아이를 보며 말을 이었대요.

“네가 크리스마스 선물을 산타클로스 할아버지가 안 주는

것인 줄 알면 어른인 거야. 그래서 못 줘."

아이가 울면서 소리치더래요.

"그럼 산타클로스 할아버지가 준 거로 할 거예요. 선물 주세요. 엉엉."

고어(古語)에 '어리다'는 말은 '어리석다'라는 뜻으로 풀지요. 아이를 어리다고 하는 것은 아직 몸집이 크지 않아서 그렇기도 하겠지만, 사리(事理)를 잘 몰라서 철이 없으므로 그러기도 합니다. 어른의 도움이 필요한 때이지요. 그런데 아이도 철들면 어른이라고 합니다. 철이 든다는 것은 세상 살아가는 이치를 하나둘 안다는 뜻이지요.

그런데 마음공부를 하는 처지에서 철이 든다는 것은 어떤 의미일까요. 먼저 진리를 바로 알고 뒤이어 진리를 바로 실행하는 것을 일컫습니다. 정각정행(正覺正行)이지요. 진리를 제대로 아는 것이 왜 중요한가 하면 잘 모르는 것을 그게 진리인 양 그대로 믿고 죽 살다가 일을 그르치기도 하고 안 좋은 업을 짓고 살기 때문에 그렇습니다. 그것이 당사자도 그렇지만 집단으로 그런 일이 생기면 세상에 큰 혼란을 일으킵니다.

다행히 그렇게 한두 해 지내다가 바로 알아차려서 추어 잡고 다시 하면 힘을 얻을 수 있습니다. 그리고 진리를 알면 경계를 당했을 때 내가 안 만큼 스스로 실행하여 내면화해야 합니다. 그래야 내가 안다고 하는 것이 실제로 아는 것인지 가늠을 할 수 있습니다.

혹 크리스마스 선물을 산타클로스 할아버지가 줬다고 굳게 믿는 아이처럼 그렇게 잘못 알고 믿고 있는 것은 없는지 살펴야 합니다. 세상을 오래 살고 학력이 높아도 마음이 어두우면 그리 됩니다. 특히 나의 마음, 나의 생사, 나의 죄복에 대해서만큼은 진리를 바로 알아서 그 진리대로 실행해야 합니다.

'코로나19'로 인해 내 안팎에서 일어나는 현상들에 마음 뺏기지 마시고 공부 거리로 삼아 보시기 바랍니다. 그리고 하루속히 코로나가 종식되도록 기도하는 자비심을 전해주시기 바랍니다. 사람들이 저리 불안해하고 걱정하는데도 봄은 어김없이 내 앞에 왔습니다. 이게 진리입니다.

일상에 수행이 있습니다

며칠 전 한 도반님이 제게 전해준 말입니다. 건강관리를 잘 하는 지인과 대화를 하다가 그 비결을 물었답니다. "욕심을 덜 내는 것뿐이에요." 그 말에 '그의 삶이 남다른 이유가 거기에 있었구나.' 하고 존경하는 마음을 갖게 되었다고 합니다.

욕심이란 무엇이든 기어이 내 소유로 끌어다 놓으려고 하는 마음이지요. 습관 하나 고치니 삶이 이렇게 달라집니다. 그래서 '습관을 고치는 것도 수행'이라고 합니다. 종교가에서 계문이나 계율을 주는 것도 중생의 허물을 벗게 하기 위한 '습관 고치기 목록'과 같습니다.

대종사께서 말씀하셨지요. "누구나 처음 종교에 입문하면 저 세상에서 젖은 습관이 쉽게 떨어지지 않을 것이다. 원불교에서 그들에게 능히 지킬 만한 정도로 먼저 십계를 주고 또 계단을 밟는 대로 십계씩을 주며 삼십 계를 다 마친 후에는 계율을 더 주지 않고 자유에 맡긴다. 그것은 그 정도에 이른 사람은 부당한 일과 당연한 일을 미리 알아 행하는 까닭이다." [대종경 교의품 25장]

수행은 이처럼 일상에 나의 심신을 잘 지켜가는 데 있습니다.

충고를 잘 받아들이는 것도 수행입니다. 충고를 받으면 대체로 마음이 불편하지요. 그 안에 일어나는 마음이 있습니다. "대체 나를 뭐로 보는 거야. 그러는 자기는 얼마나 잘한다고. 당신도 어떻게 하는지 한번 지켜볼 거야." 그 사람에게 작정하고 충고할 기회를 찾을 때까지 이 생각은 떠나지 않지요. 그런데 "충고해줘서 고맙습니다." 하고 받아들이면 그런 마음이 흔적도 남지 않습니다.

충고를 받아들이지 못하는 것은 내 안에 충고하는 그와 나를 분별하거나 차별하는 마음이 있으면 생기는 것이겠지요. 충고하는 그에게 허물이 있을 수는 있습니다. 그것은 그 사람의 업일 뿐입니다. 내가 마음공부를 하는 사람이라면 충고를 잘 받아들여야 합니다. 잘 받을 때마다 나의 허물 껍질이 하나씩 벗겨집니다. 참 고마운 일이지요. 충고를 잘 받아들이는 정도만 보아도 나의 공부 단계를 가늠할 수 있습니다. 충고는 나를 반조(返照)하는 거울과도 같은 것이겠지요. 정산 종사께서 법문하셨지요. "충고를 감수할 경지만 되면 그 공부는 일취월장하나니라." [정산종사법어 법훈편 18장]

남의 장점을 잘 보는 것도 수행입니다. 다른 사람을 보는 눈은 내 안에서 일으키는 마음을 따라가지요. 단점을 보는 마음을 일으키고 눈을 돌리면 늘 단점만 보입니다. 보는 데 그치지 않지요. 그 사람에게 말이나 기운 또는 마음으로 불편한 심경을 실어서 전하지요. 다만 그를 가르쳐야 하는 처지에 있을 때, 그것이 내 체면을 세우려는 방편이 아니라면 때에 따라 단점을 찾아 고쳐줘야 하겠지요. 그게 가르쳐야 할 자리에서 잘 가르치는 일이기도 합니다.

그런데 한 생각 돌려서 장점을 보는 마음을 일으키기 시작하면 장점만 보입니다. 장점만 드러내도 그 따스한 기운에 단점이 봄눈 녹듯 녹아 없어지기도 합니다. 마음이란 참 묘하지요. 대종사께서 말씀하셨지요. "다른 사람의 잘된 일을 견문(見聞)하여 세상에 칭찬하고 장려하여 그 잘된 일을 잊어버리지 말 것이요." [솔성요론 11조]

단점만 보던 눈을 장점만 보는 눈으로 바꾸는 데 시간이 걸립니다. 될 때까지 하고 또 하고 하고 또 해야 하니까요. 그런데 작정하면 순간에 뒤바꿀 수도 있습니다. 마음의 자유를 얻는 수행이 멀리 있지 않습니다. 나의 일상 가까이에 있습니다.

꺼지지 않은 불

새벽 4시 50분, 좌선에 앞서 선방 앞쪽 마루 위에 있는 작은 창문을 엽니다. 숲에서 시원한 바람이 문 열기만 기다렸다는 듯 금세 들어옵니다.

창밖으로 교당 옆에 300여 분의 어르신을 모시고 있는 실버타운 더시그넘하우스의 프런트에 불이 밝혀져 있는 게 보입니다. 밤새 혹 무슨 일이 있을지도 모르니 야간 당직자가 불을 밝힌 채 자리를 지키고 있었던 것입니다. 그런데 저 불은 밤에만 켜져 있는 게 아니고 365일 내내 그대로입니다. 병원에 가면 간호사실이 그렇고, 경찰서도 그렇고, 발전소도 그렇지요. 비단 어제오늘만의 일은 아닙니다.

돌아보면 내가 자력이 없을 때는 부모님과 스승님의 나를 위해 그렇게 불을 켜고 계셨습니다. 원불교에서는 그렇게 나를 위해 불을 켜고 계신 분을 일러 '사은님'이라고 합니다. 이웃 종교에서는 그것을 우리 눈에 보이지 않지만, '신(神)'이라고 지칭하지요.

사람은 누구나 심장이 멎으면 생을 마감합니다. 그런데 그 심장이 생기기 전, 심장이 뛰고 있는 지금, 심장이 멈춘 후에도 꺼지지 않는 불이 있습니다. 세상에 나의 생사와 관계없이 영원히 꺼지지 않은 불이 있습니다. 그것은 내 밖에도 있지만, 내 안에도 있습니다.

많은 수행자가 그 불을 보려고 수행을 합니다. 그 불은 생명이 영원하여 불생불멸(不生不滅)하며, 누구나 차별 없이 원래 갖추고 있어서 불구부정(不垢不淨)이고, 누구나 공평하게 수용하므로 부증불감(不增不減)이라 합니다. 그 불을 바로 아는 공부를 사리연구(事理硏究) 깨달음(見性)이라 하고, 마침내 알게 된 그 불을 잘 지키고 유지하는 공부를 정신수양(精神修養) 양성(養性)이라 하고, 그 불을 잘 사용하는 공부를 작업취사(作業取捨) 솔성(率性)이라 합니다.

마음이 요란할 때 그 밝은 불로 비추면 요란해진 마음의 시작이 보여 그 마음을 놓게 되어 마음이 편안해집니다. 어둡고 어리석은 마음이 일어날 때 그 밝은 불로 비추면 나를 가리고 있는 어둠이 걷히어 지혜로운 나로 돌아옵니다. 일을 그르치게 하는 마음이 일어날 때 그 밝은 빛을 비추면 그 마음을 바로 돌이키어 선업(善業)을 짓게 합니다. 텅 비고 고요하여 남김없이 환히 알게 하는, 즉 '공적영지(空寂靈知)한' 그 불을 찾아서 무시(無時)로 대조하며 살아가는 것이 일상의 마음공부이고 그것을 일러 무시선(無時禪)이라 합니다.

마음은 남녀노소 선악귀천을 막론하고 누구나 있습니다. 영원히 꺼지지 않는 불도 누구나 있습니다. 그래서 천상천하유아독존(天上天下唯我獨尊)이라고 합니다. 그것은 누구나 본래 갖추고 있으니 누구나 사용할 수 있습니다. 다만 그것을 알고 있느냐 모르느냐 또는 알고 있는데 실행하느냐 실행하지 않느냐의 차이가 있을 뿐입니다.

오늘도 내게 본래 있는 그 불을 찾아 일마다 경계마다 잘 사용하여 무상(無常)하게 변하는 것에 스스로 구속하는 나를 놓고 참 자유를 얻으시기 바랍니다. 참 행복의 길이 거기에 있습니다. 해가 벌써 중천(中天)에 높이 떴습니다.

시각(視角)과 시각(視覺)

주중에 장맛비가 쏟아지더니 어제 아침 운동을 다녀오는데 모처럼 맑은 하늘을 보게 되어 기분이 상쾌했습니다. 이런 날을 기억하기 위해 그 하늘을 배경으로 제가 봉직하는 교당을 카메라에 담았습니다.

이렇게 맑은 날 TV 일기예보에서 아나운서가 "시야(視野)가 확 트여서 멀리 인천 앞바다까지 보입니다."라고 말하지요. 이렇게 시야(視野)가 확 트이는 것을 보면 그 사이로 내 앞을 가로막고 있는 게 있었던 것입니다. 커 나오는 과정에서 선생님들께 "시야를 넓게 가져라."라는 교훈을 들었습니다. 기대에 못 미치게 시야가 좁아서 그런 것이겠지요.

이와 유사한 뜻으로 '시각(視角)'이라는 말을 씁니다. '시각이 넓다.' '시각이 좁다.' 하는 표현입니다. 밤에 인적이 드문 길을 운전하다 보면 전조등(라이트)이 비치는 정도 이상을 보지 못하지요. 그만큼 시각이 좁습니다. 그러다가 가로등이 밝은 시내 큰 도로에 진입하면 금세 빛이 들어오는 각도가 커져서 시각이 넓어집니다. 대낮에는 환하게 보이니 시각이 아주 넓어지지요. 결국, 같은 눈인데 내 앞에 빛이 얼마나 넓고 밝은가의 여부에 따라 시각이 달라지고 그에 따라 시야가 달라집니다.

지혜도 마찬가지입니다. 지혜는 내 안에서 찾은 밝은 빛과 같은 것이지요. 지혜는 일에 대한 지혜가 있고 이치에 대한 지혜가 있습니다. 원불교에서는 이런 지혜를 밝히는 수행의 길을 '사리연구(事理研究)'라고 합니다. 일의 경험과 연마에 따라 일의 지혜가 밝아지는가 하면 이치에 대한 궁구(窮究)를 얼마나 깊이 있게 하느냐에 따라 이치의 지혜가 밝아집니다. 성인이 되어 "당신은 시각이 좁다. 좀 넓혀라." 하면 대체로 기분 나쁘게 여깁니다. 그런데 충고로 받아들여야 그 사람의 사리공부가 성숙해지고 지혜가 밝아집니다.

달리 또 '시각(視覺)'이라는 말을 씁니다. '보아서 안다.'라는 뜻이지요. '눈이 보느냐 마음이 보느냐.' '눈이 보느냐 뇌의 작용으로 보느냐.' 이것은 종교인과 과학자의 식견에 따른 논쟁거리이기도 합니다. 보아야 할 대상이 눈앞에 바로 있어도 시력이 안 좋거나 눈을 감으면 안 보입니다. 그것을 볼 수 있기도 하고 안 볼 수 있기도 한데 이것도 마음의 작용인가, 뇌의 작용인가 이 역시 다툴 여지가 있지요. 수행을 할 때에는 '마음의 작용'이라 합니다.

불가에서 수행하는 입장에서는 '시지불견(視之不見)'이라는 말을 씁니다. 이것은 두 가지 뜻으로 쓰입니다. 하나는 눈으로 보기는 하나 마음속에 그림자가 남지 않는 것 또는 텅 빈 마음이나 욕심 없는 마음으로 대상을 보면 눈에는 보이지만 마음에는 아무런 흔적도 없어서 보지 않는다는 뜻입니다. 또 하나는 다른 사람이 잘못하는 것을 볼 때는 보고도 못 본 척해야 자기의 마음도 편안해지며, 다른 사람도 스스로 부끄러워 반성하고 깨치게 될 때 취해야 할 태도를 이르는 뜻이기도 합니다.

보는 각도 '시각(視角)'과 보아서 아는 것 '시각(視覺)' 둘 다 마음공부 할 때에도 쓰는 귀한 표현입니다. 어제 그렇게 맑고 밝던 하늘이 비가 오려는지 오늘은 흐리고 어둡습니다. 그래도 지금 내 마음은 어떤가요?

그래, 그냥 살아온 인생은 없지

며칠 전, 지인이 제게 소담한 책을 건네주었습니다. 젊은 시절, 의료 장비가 충분하지 않은 섬에서 공중보건의를 했던 1년간 적어 내려간 진료 일기였습니다. 첫 장을 열고 이내 덮을 수 없을 정도로 감동했습니다. 세세곡절 귀한 이야기인데, 하나만 소개합니다.

오전 진료를 하는데 한 아주머니가 급하게 찾아왔다.

산모였다.

"배가 아파요."

가슴이 철렁했다.

"예정일이 언제예요?"

"16일이에요."

이틀 앞이다. 어이없다. 왜 진작 배 타고 인천으로 나가지 않았나. 이 상황에 나무랄 수도 없다. 진찰하다 보니 배에 수술 상처가 있다. 첫 아이를 제왕절개로 출산했다고 한다. 엎친 데 덮친다고 하더니. 창밖으로 바다를 보니 파도가 높아 인천행 여객선은 못 오겠다. 믿을 데는 백령도밖에 없다. 혈압을 체크

하고 양수가 터졌는지 내진을 해볼까 생각했지만, 자칫 감염될 수 있어 거두고 걱정만 하면서 기다렸다. 전화벨이 울린다.

"면사무소인데요. 산모가 있다면서요."

행정선으로 백령도를 갈 것인지 물어보는 전화였다.

"내 준비되면 바로 환자 데리고 내려가겠습니다."

'백령도에 도착해도 산부인과 선생님이 안 계시면, 혹 있다 해도 수술할 때 마취해줄 군의관 선생님이 안 계시면 어쩌나.'

왜 섬 지역 사정을 알면서도 이럴까. 그렇게 주의 줘도 그렇다. 종일 산모와 아기가 걱정되어 어질어질하였다. 한참 뒤 백령도에 전화하였더니 산모와 아이가 모두 건강하다고 한다. 그제야 한시름 놓인다.

책장을 덮으며 한 생각이 일어났습니다.

"그래, 그냥 살아온 인생은 없지."

젊은 시절, 부처님께서 사람이 태어나서 살다가 죽는 과정인 "생로병사(生老病死)가 고(苦)이다."라고 한 말을 받아들이지 못했습니다. '괴롭고 힘든 것보다 재미있는 일이 얼마나 많은데 그래.' 그러다가 진리를 연마하면서 그 말씀은 1년 365일 고통의 연속이란 뜻이 아니란 것을 알게 되었습니다. 인생이 항상 즐거움으로 여여(如如)하지는 않다는 역설로 이해해도 됩니다. 일생 내내 좋고 평화로운 일만 있지 않다는 것이지요.

그럴 때마저도 그 마음을 유지하기 위해 수행을 하고 마음공부를 하는 것입니다. 그러자면 고통스러운 경계를 당하여도 응대할 수 있는 마음자리를 알아야 하겠지요. 그 자리를 아는 것을 일러 깨달음(見性, 사리연구)이라 하고, 알았으면 그 자리를 잘 유지하는 것을 일러 양성(養性, 정신수양)이라 하고, 그 자리에 비춰 잘 응대하는 것을 일러 솔성(率性, 작업취사) 이라 합니다. 우리가 날마다 마음공부의 표준으로 모시며 궁구(窮究)하는 법신불(法身佛)이 바로 그 자리입니다.

불가(佛家)에 '상락아정(常樂我淨)'이란 말이 있습니다. 마음공부 하는 사람이 궁극적으로 얻어 하나 되고자 하는 열반과 법신의 경지를 말합니다. 일상수행의 요법에 이르신 '심지(心地)'를 말하는 것입니다. 달리 열반사덕(涅槃四德), 법신사덕(法身四德)이라고도 합니다. 즉 열반과 법신은 네 가지 덕성을 갖추었다는 것이지요. 이를 풀면 영원히 변하지 않는 '상(常)', 괴로움이 없고 평온한 '낙(樂)', 대아(大我 큰 나)·진아(眞我 참나)의 경지로서 집착을 떠나 자유자재하여 걸림이 없는 '아(我)', 번뇌의 더러움이 없는 '정(淨)' 그렇지요.

그냥 살아온 인생은 없습니다. 그래도 지금 이렇게 건재한 것은 영원한 고(苦), 영원한 낙(樂)이란 없다는 것을 알았기 때문입니다. 대종사께서 "네 마음이 죄복(罪福)과 고락(苦樂)을 초월(超越)한 자리에 그쳐 있으면 그 자리가 곧 극락이다." 하시고 "성품의 본래 이치를 오득(悟得, 깨달아 얻음)하여 마음이 항상 자성(自性)을 떠나지 아니하면 길이 극락 생활을 하게

되고 지옥에 떨어지지 않는다."라고 하셨습니다. [대종경 변의품 10장]

지금 내 앞에 있는 고(苦)는 영원한 것이 아니니 거기에 나를 묶지 않아야 합니다. 스스로 속박에서 벗이날 때 거기가 닉(樂)의 시작점이 됩니다.

지금 내 앞에 있는 낙은 영원한 낙이 아니니 다 쓰지(누리지) 말고 언제든 고(苦)가 돌아올 때를 대비해야 합니다.

지금 여기 살아가고 있는 임이시여.

'그냥 살아온 인생은 없습니다.'

그것은 당신과 함께 마주하며 일생을 살아온 그이에게도 마찬가지입니다.

그래서 나의 삶, 그의 삶이 함께 소중합니다.

누구 덕에 사는 줄 아니?

제가 봉직하는 원불교 강남교당 옥상에 텃밭이 있습니다. 그 밭을 날마다 제가 가꾸면 요즘 유행하는 '도시농부'라는 별칭을 제가 얻었을 법한데, 저는 겨우 한다는 게 풀 매주는 일 정도입니다. 이 귀한 일은 시골에서 농사지으시면서 날마다 마음 농사도 거르지 않는 충산, 숭타원 노부부 도반께서 평일 전철을 타고 오시든지 법회 날 일찍 오셔서 하십니다. 덕분에 교당 식구들이 철마다 늘 싱싱한 채소를 먹고 지냅니다. 때때로 법회에 온 도반들과 공양도 하지요.

두 어른이 보름 전쯤, 무씨를 뿌리고 가셨습니다. 그러신 지 며칠 만에 싹이 앙증맞게 나오더니 이제 일부 솎아서 비빔밥을 해 먹어도 될 정도로 제법 컸습니다. 오늘 아침에는 그것들을 바라보면서 문득 "누구 덕에 사는 줄 아니?" 물었습니다. 누구 덕? 씨앗이 땅을 만났고, 햇볕을 받고, 비가 내리고, 바람도 불고 무엇보다 두 어른이 주로 살피고 저희도 보고 또 누가 있지요? 종일 헤아려도 다 못 셉니다.

그래서 원불교에서는 '우주만유(宇宙萬有)의 덕'이라고 합니다. 그 '우주만유의 은혜'를 우주 자연의 이치에 따른 천지(天地)의 은혜, 세상에 태동하게 된 씨앗의 근원이 되고 자력으로 할 수 있을 때까지 생육(生育)시켜준 부모(父母)의 은혜, 가까운 인연이든 먼 인연이든 직간접으로 자리이타(自利利他)로 살피고 도와주는 동포(同抱)의 은혜, 알게 모르게 물 흐르듯 흘러가게 하는 법률(法律)의 은혜. 이렇게 넷으로 구분 지어 '사은(四恩)'이라 합니다.

이 모든 것의 바탕인 근원(根源)에는 진리이신 법신불(法身佛)이 있습니다. 법신불은 우주만유 일체 모든 것을 차별하지 않고 언제 어디서나 응(應)하십니다. 원불교의 소태산 대종사께서는 그 모습을 하나로 모아서 일원상(○)으로 드러내 알려주신 것입니다. 법신불이 하시는 이 일을 종교마다 이름을 달리 부르면서 '그분'이 한다고 하지요.

이제 다시 '지금, 여기' 눈앞으로 돌아와서 생각합니다. "누구 덕에 사는 줄 아니?" "무슨 누구 덕?" 하며 역정을 내는 사람이 있습니다. 어느 한 사람의 도움도 안 받고 순전히 내 힘으로 다 이뤘다고 자신하지요. 끝없는 그의 자부심 안에 겸허함은 안 보입니다. 항시 무한한 은혜를 입고 산다는 이치를 알고 믿어야 나를 둘러싼 모든 대상에 대해 감사하고 보은을 합니다.

들녘을 보니 황금색으로 물들어가고 있습니다. "벼는 익을수록 고개를 숙인다."라고 하지요. '사람이 나이 들수록 철이 들어야 한다.'라는 비유를 할 때 쓰는 말이기도 합니다. 벼가 익는다는 것은 그만큼 은혜 입었다고 알아차린 숫자가 많다는 것을 뜻하겠지요.

추석이 다가옵니다. 잠시 쉬는 시간이 나거든 내게 은혜를 주신 분을 하나하나 손꼽아 보시기 바랍니다. 꼽고 꼽다가 더 기억이 안 나면 어떻게 하죠? 스승님이 제게 그러시더군요. "너 '전부다'라고 할 때 어떻게 표현하느냐?" 더 기억하기 힘드시거든 허공에 둥근 일원상(○) 하나 크게 그리고 합장하시기 바랍니다. 그 안에 다 있습니다.

누구를 더 좋아해요?

저는 평소 혼자서 노래 부르는 것을 좋아합니다. 그렇다고 잘 부르는 것은 아니고요. 이따금 여러 사람 앞에 한두 번 부르고 난 뒤 "잘한다."라고 칭찬을 하면 "그러냐?"라고 받아들일 뿐 헤벌쭉하진 않습니다. 음정이 틀리고 가사가 틀렸다고 지적해도 역시 "그러냐?"라고 할 뿐 마음이 상하지는 않습니다. 그냥 즐길 뿐이니까요.

얼마 전에는 여자 교도님들 예닐곱 분과 식사하는 자리가 있었습니다. 이야기를 한참 나누다가 요즘 대세인 트로트로 화제가 옮겨갔습니다. 제게 누구를 좋아하느냐고 묻더군요. 선뜻 한 사람을 말하고는 다른 분은 어떤지 궁금했습니다. 놀랍게도 선호하는 가수가 대체로 다르더군요. 더욱 희한한 것은 각기 왜 그 가수를 좋아하는지 이유가 다 있었습니다.

그런데, 간혹 농담도 잘 나눌 정도로 친한 사이인 이분들 중에는 다른 이에게 자기가 좋아하는 가수가 이런 장점이 많은데 왜 그 가수를 좋아하지 않느냐고 따지는 사람은 하나도 없었습니다. 생각이나 취향, 좋아하는 점이 다를 수 있다고 인정하기 때문이지요. 내가 이 가수를 소중하게 여기는 만큼 그이에게는 또 그 가수가 소중하다는 것을 존중하는 것입니다. 그러니까 다툴 일이 없습니다.

살아가면서 다툴 일이 생기지요. 여러 이유가 있겠지만, 그 중 가장 큰 것은 "왜 내 생각, 내 관점과 같지 않으냐?"고 따지고 들기 때문이지요. 힘이 있는 쪽은 그 힘으로 강제하면서 누르지요. 지금 힘이 약하여 부득이 당하고 있는 그 사람은 강요당하고 있다고 생각하면 언젠가는 앙갚음을 하게 됩니다. 그게 개인 간의 거래가 되었든 집단 간의 관계가 되었든 철학이나 종교, 국가도 마찬가지입니다.

지금 누군가와 갈등 관계에 있다면 잠시 멈추고 그 원인이 이와 같은 것이 아닌지 밝게 볼 필요가 있습니다. 내가 절대적으로 옳은데 상대가 내게 맞춰주지 않아서 화가 나고 싫은 것인지. 상대가 옳을 수도 있는데, 단지 나와 맞지 않아서 화가 나고 갈등하고 있는지. 갈등 중 상당히 많은 부분은 이것만 알아차리고 내려놓아도 풀릴 일들입니다. 그렇게 있는 그대로 서로 인정하고 존중하면 풀릴 수 있는 일입니다.

원불교에는 처처불상(處處佛像)이라는 가르침이 있습니다. 일반적으로 생각하는 신앙 대상과 결이 다르게 인식의 방향을 알려줍니다. 여기서 말하는 '불상'이란 비단 절에 가면 만나는 불상에만 국한한 것은 아닙니다. 상식적으로 신앙의 대상으로 삼는 대상을 총칭(總稱)하지요. 그런 유형의 신앙의 대상이 있는 일정 성소(聖所)에 국한하지 않고 곳곳(處處)에 있는데 그 모양이 성소에 있는 그 모습을 닮은 것만을 지칭하지는 않습니다. 바로 내 앞에 내 가까이에서 나와 함께 공존하며 나에게 크든 작든 내가 알아차리든 못 알아차리든 은혜를 주고 있는 모든 대상 그 각각을 말합니다.

그 각각에 귀한 이치, 귀한 마음이 다 담겨 있다는 것을 밝게 깨쳐서 알아야 한다는 것입니다. 마치 사람은 서로 다르지만, 서로 다른 가수를 좋아하는 그것을 있는 그대로 인정하고 수용하고 존중하는 것과 마찬가지입니다. 이와 유사하게 또 다른 다양한 경우를 당할지라도 똑같이 응대하는 사람이 참된 신앙인이라는 가르침입니다.

오늘은 잠시 짬이 나서 '보랏빛 엽서'를 부르고 있습니다. 그런데 이 편지 받아보신 임께서는 누구를 좋아하십니까?

지금 괜찮으시면 유튜브 영상 열어서 한번 따라서 불러보시기 바랍니다. 코로나19에 대한 부담도 덜고 기분이 한결 나아질 것입니다.

기쁘고 행복해라

어제 외부에서 있는 모임에 참석하고 있는데, 카톡으로 사진 몇 장이 배달되었습니다. 제가 봉직하는 원불교 강남교당에 날마다 기도를 올리고 있는 도반들이 기도를 마치고 총각무로 김치를 담그고 있는 모습이었습니다.

코로나19로 긴 기간 공양을 하지 못했는데 맛있는 김치를 내놓기 위해 팔을 걷어붙인 것입니다. 지난주 배추김치를 담그기에 그것으로 끝인 줄 알았더니 양념이 남아서 이렇게 무김치를 담기로 했다는 것입니다. 말은 그렇게 하지만 무김치까지 담그려고 양념을 일부러 많이 했을 것입니다. 그렇게 넉넉한 마음들이 있어서 참 좋습니다. 그런데 피곤하기도 할 법한 그 일을 하나같이 기쁘고 행복한 표정으로 하고 있었습니다.

교당에는 다른 일에서도 이런 마음으로 살아가시는 분들이 많습니다. 법회를 마치자마자 지하에 있는 생협에서 좋은 물품을 구해서 판매하여 그 수익으로 어려운 이웃을 위해 쓰시는 도반, 카페에서 편안히 차를 마실 수 있도록 차를 내주는 일을 하는 도반, 법회 중에 다른 교도들처럼 편안히 앉아 법회에 임하고 싶겠지만 법회를 유튜브 생방송으로 송출하기 위해 분주한 도반. 거룩한 법회가 이루어질 수 있도록 성가 합창을 준비하러 남보다 한 시간 먼저 와서 미리 연습하는 도반. 법회 후에 담소를 나누는 시간에도 묵묵히 뒷정리하는 도반도 있습니다.

비단 교당 안뿐 아니라, 눈을 교당 밖으로 돌려보면 어려운 이웃과 사회를 돕기 위해 달려가 봉사하는 도반도 있습니다. 이렇게 남을 위해 자신을 돌보지 않고 힘을 바쳐 애쓰는 것을 일러 '봉사(奉仕)'라고 하지요. 그것은 국가를 위한 일이 되기도 하고 사회를 위한 일이 되기도 하고 크게는 세계 인류를 위한 일이 되기도 하지요.

원불교에서는 이와 같은 뜻으로 봉공(奉公)이라는 말을 씁니다. 공(公)을 위해 봉사한다는 의미이죠. 공이란 나와 남이라는 영역을 구분하지 않고 봉사한다는 의미입니다. 이런 일에 반드시 '무아(無我)'를 전제하도록 합니다. 그래서 합하여 무아봉공(無我奉公)이라는 말을 합니다. 무아란 '나를 놓은 상태' '마음을 비운 상태'를 말합니다. 일을 시작하기 전이나 일을 하는 동안이나 일을 마친 뒤에도 나를 놓으라는 말입니다. 그래야 진정한 공(公)이 된다는 가르침이죠. 봉공은 신앙하는 모습이고, 무아는 수행하는 모습입니다. 무아봉공은 수행하는 마음으로 신앙, 즉 보은(報恩)을 하는 것이지요. 수행과 신앙을 겸하는 삶이 무아봉공입니다.

성직의 직분을 갖고 사는 저 같은 사람의 본분은 무아봉공이 기본정신이어야 합니다. 그런데 자기가 맡은 일만 할 뿐 그 밖의 일에는 관심을 두지 않고 지내거나 다른 사람은 배려하지 않고 자기 영역 수호만 주장하여 대중에게 불편을 주며 살아가는 성직자도 더러 있습니다. 그것은 말하지 않아도 눈 밝은 대중들이 바로 알아보지요. 일부러 누구 보라고 하는 일이 아니라 스스로 그 정신을 갖고 살아야만 진리와 대중에 빚지지 않고 사는 것이겠지요. 그래서 특히 유념합니다. 종교를 신앙하는 이들의 삶에서 가장 강조하는 것이 무아봉공입니다.

그런데 종교를 갖지 않아도 종교를 가진 사람 못지않게 그렇게 사는 분들이 있지요. 오늘도 나 아닌 남을 위해 봉사하고 봉공하는 일을 하면서도 기쁘고 행복한 마음이 가득하기를 바랍니다. 무엇이든 충만한 이 가을에 말입니다.

인생 3문(問)

요즘 며칠간 아침마다 일이 있어 운동을 가지 못하다가 오늘은 교당을 나섰습니다. 그 사이 단풍이 낙엽이 되어 바람에 이리저리 굴러다니더군요. 발아래 바스락바스락하는 소리를 들으며 길게 늘어선 가로수를 보니 나목(裸木)이 되어가고 있더군요.

교당에 돌아오니 산 아래 오솔길에 낙엽이 수북이 쌓여 있더군요. 아침 식사 후, 갈퀴와 빗자루로 함께 사는 남자 교무님과 긁고 쓸고 했습니다. 다 마치고 땀을 닦으며 낙엽 더미를 보며 누구나 할 법한 그 생각을 했습니다.

"어디서 와서 어디로 가는가?" 사람뿐 아니라 생명이 있는 모든 것에 던져지는 화두죠. 그 생각에 머물면 마음이 비워집니다. '어디서 와서' 만물의 시작 이전을 말하고 '어디로 가는가?'는 한 생을 마친 만물의 끝 이후를 말하지요. 살아있는 동안 그것이 전부인 줄 알고 귀하게 여기며 살았는데 때가 되어 흩어져 가루조차 잡을 수 없다는 것을 알 즈음에야 그 생각을 하게 됩니다.

그것을 조금 일찍 알아차리면 마음을 비우는 공부를 하지요. 우주의 원래 공(空)한 그 자리가 있다는 것을 알고 하는 것입니다. 비우는 그 자리에 합일(合一)하는 것은 태어나기 이전이나 죽음 이후가 아니라 살아있는 지금도 그게 가능한 것이죠. 그것을 만능(萬能)을 가진 신(神)에게서 구하기도 하지만, 수행을 통해서 그 자리와 하나가 될 수 있습니다. 선(禪)을 하는 것이 바로 그 길이지요.

그런데 지금 여기 살아서 귀하게 있는 나를 보면서 그리고 우주 만물을 관(觀)하면서 던지는 질문이 있습니다. "무엇 때문에 이렇게 되었지?" "누구 덕에 살지?" "지금 여기 이렇게 있는 것은 어떤 작용에 따라 나타나 있는가." 하는 것입니다. 그것은 원(圓) 또는 원만구족(圓滿具足)이라 합니다.

원만구족이란 '지금, 여기' 이전에 살아오면서 지었던 모든 것이 반영되어 나타나 있는 것을 말합니다. 거기에는 옳고 정당한 것도 반영되어 있고, 내가 이해할 수 없는 것까지 반영되어 있습니다. 원만이란 넘치지도 않고 모자라지도 않은 상태를 말합니다. 누가 진리와 어긋나게 인위적(人爲的), 작위적(作爲的)으로 개입하여 왜곡해서 만든 게 아닙니다. 있는 그대로 반영하여 갖추어 있으니 구족(具足)이라 합니다.

우리가 흔히 쓰는 만족(滿足)이란 표현은 원만구족의 줄임말입니다. '누구 덕에 사는가?' 하는 것은 생을 혼자서 살 수 없다는 것을 말합니다. 지금 여기 이렇게 나타나 있는 것은 과

거의 반영도 있지만, 현재 나를 비롯해 만물과 서로 연결 지은 상태에서 무한한 은혜를 입고 있기에 그런 것입니다. 그 은혜를 주는 대상이 바로 가까이에 있습니다. 그 실존을 멀리 보이지 않는 절대자에게서만 찾으면 정작 내 앞에서 나를 돕고 있는 인연에 대한 귀한 마음을 놓치고 삽니다. 그런 고마움을 알아서(知恩) 그 고마운 인연에게 몸과 말과 마음으로 감사생활(報恩)을 하는 이가 진리를 바로 알고 사는 사람입니다.

텅 빈 것(空)으로부터 시작하여 각기 지었던바 모든 것을 반영하고 서로 연결되어 은혜를 입는 관계로 나타나 있는 원만구족(圓)한 진리가 있다는 것을 알아차렸으면, 그다음은 스스로 해야 할 몫이 있지요. 그때 던지는 질문이 있습니다. “어떻게 살아야 하지?” 네, 잘 살아야 하죠.

잘 산다는 것은 바르게 사는 것(正)을 말합니다. 불가에서는 선업(善業)을 짓고 살라고 할 때 인과(因果)의 이치를 말합니다. 내게 오는 죄와 복이 내가 지은 결과인 것을 믿는다는 이치이지요. 그 원리를 지공무사(至公無私) 또는 공명정대(公明正大)라고 합니다. 우주와 인간이 살아가는 세상에 작용하는 원리가 그렇다는 것입니다.

원불교에서 모시는 법신불○은 공(空)·원(圓)·정(正)의 진리를 담고 있습니다. 그래서 이 세 가지 진리에 따라 인생을 진실하고 열린 마음으로 정성을 다해 살아가라는 가르침을 전하고 있습니다. 저기 저 낙엽 안에도 바로 그런 진리가 담겨 있습니다. 오늘도 가을 구경 잘 하시기 바랍니다.

버리는 물, 얻는 물

마시는 물의 사정이 여의치 않아지면서 정수기를 많이 사용하고 있지요. 그런데 정수기에서 물을 받을 때마다 그에 상응하여 흘려보내는 물의 양이 제법 많습니다. 정수기 뒤로 나 있는 가느다란 호스에서 물을 한 번 받아보았습니다. 눈대중으로 봐도 마실 물과 양이 비슷합니다. 그 물을 버리기가 아까워서 한두 번 화분에 갖다 부었습니다.

정수기 사용을 반대하는 분이 제공한 자료를 보니 정수기 물 2리터를 얻기 위해 7리터를 버려야 한다고 하는군요. 더욱이 불순물을 거른다는 필터가 우리 몸에 유용한 미네랄까지 걸러내서 결국 산성화된 물을 마시고 있다고 합니다. 그런데도 정수기를 사용하는 것은 수돗물을 그냥 마시기에는 불안해서 그렇다고 합니다.

살면서 무언가를 얻기 위해 크든 작든 다른 무엇인가를 놓거나 버리게 됩니다. 아마 그즈음에는 얻을 것이 버릴 것보다 유용하다고 판단해서 그랬겠지요.

그런데 얻은 것보다 버린 그것이 좋을 경우는 없을까요? 우리 삶은 그렇게 숱한 판단을 할 수밖에 없습니다.

원불교에서는 이런 공부를 일러 '작업취사(作業取捨)'라고 합니다. 항상 내가 행하도록 내 앞에 다가온 그 일을 일러 '작업'이라 합니다. 일이란 새로운 업을 짓는 것이지요. 어느 방향으로든지 선택하는 것을 '취사'라고 합니다. 얻은 것은 취(取)라 하고 놓았거나 버린 것은 사(捨)라고 합니다.

작업취사를 잘하려면 지혜가 필요하지요. 그 지혜는 일하는 동안에 가장 많이 필요하겠지만, 일하기 전에도 필요하고, 일을 마친 뒤에도 필요합니다. 하나의 일에는 과거와 현재와 미래가 함께 담겨 있기 때문입니다.

한 제자 여쭙기를 "저는 늘 사물(事物)에 민첩하지 못하오니 어찌하면 사물에 밝아질 수 있사오리까." 대종사 말씀하시기를 "일을 당하기 전에는 미리 연마하고, 일을 당하여서는 잘 취사하고, 일을 지낸 뒤에는 다시 대조하는 공부를 부지런히 하며, 비록 다른 사람의 일이라도 마음 가운데에 매양 반조(返照)하는 공부를 잘하면, 점점 사물에 능숙하여져서 모든 응용에 걸리고 막히지 아니하리라." [대종경 수행품 24장]

아직 어둠이 걷히지 않은 이른 아침에 걷기 운동을 하러 나갔다가 아파트 단지 앞을 지나게 되었습니다. 네온사인이 안개꽃 장식 조명과 함께 찬란하게 빛나고 있더군요. 그 사이에 영어로 'Happy New Year.'라는 문구를 걸었더군요. 누구 할 것 없이 마음에 담고 있는 새해에 대한 기대이지요.

올해 마지막 달력을 봅니다. 지난 한 해는 기억에서 영원히 지우고 싶나요? 그런 마음이 있겠지요. 조심조심하느라 맘껏 뜻을 펴보지도 못하고, 가진 것도 많이 잃었고, 꽉 막혀 답답하게 하릴없이 보낸 한 해였지요. 저도 돌아보니 여러 가지로 참 아쉬운 한 해였습니다.

그런데요, 내가 지우지 않아도 올해는 지나가고 있습니다. 그래서 지날 과(過), 갈 거(去) '과거'라고 하지요. 대신 새해를 얻게 되잖아요. 그렇게 행복한 새해를 맞이하려면 밝은 지혜를 얻기 위해 지난 한 해를 지금부터 반조해 보아야 할 것 같습니다.

한마음 챙기고 보면 부질없는 날은 없습니다.

내년은 올해보다 나아지겠지요? 얻을 그것이 버릴 그것보다 더 좋은 한 해 말입니다.

큰길로 가라

새로 책을 내면서 제목을 무엇으로 정할까 연마하다 문득 할머니 생각이 났습니다. 손자가 너무 약골이라 늘 안쓰럽게 바라보시던 할머니. 초등학교에 갓 입학하며 어머니 손을 잡고 학교 가는 길이 익숙해지자 혼자 학교에 가게 되었지요. 그때 할머니께서 제 뒤에 대고 큰소리로 하시는 말씀이었습니다.

"아가, 큰길로 가라."

정겨운 그 목소리가 열반하신 지 45년이 지난 지금도 생각이 나네요. 그래서 책 이름을 '큰길로 가라'로 정했습니다.

그즈음 어른들께서 어려서 못 미더운 아이들에게 흔히 하는 말씀이었지요.

왜 큰길로 가라고 하셨을까요? 우선 생각하기로 큰길로 가면 무슨 일이 생겨도 누군가의 눈에 띄니 위험에서 보호해 줄 것이라고 믿었기 때문일 것입니다.

덧붙여 이런 생각도 해보게 됩니다. 큰길은 누구나 가는 길이어서 차별 없는 세상을 보게 하려고 했을까요? 또 큰길로 가면 다양한 사람들과 최신의 문명을 만나게 되니 보고 배우는 게 있어서 그랬을 것입니다.

그러고 보면 세상을 오래 살아오신 어른들의 말씀에는 세월 속에서 얻은 진리가 있습니다. 그래서일까요. 그렇게 하라는 이유를 여쭈면 "나중에 커보면 안다." 그러십니다. 그것은 마치 부처님이 어리석은 중생에게 "나중에 깨달아보면 안다."라고 하는 것과 같겠지요.

종교에서 큰길은 진리를 말합니다. 진리를 달리 '도(道)'라고도 하지요. 원불교 소태산 대종사께서 "진리인 도(道)는 곧 길을 말하는데, 길이란 무엇이든지 떳떳이 행하는 것이다."라고 하시고 "하늘이 행하는 것을 천도(天道), 땅이 행하는 것을 지도(地道), 사람이 행하는 것을 인도(人道)라 한다. 인도 가운데에도 육신이 행하는 길과 정신이 행하는 길 두 가지가 있는데, 그 조목은 헤아릴 수 없이 많다." 하셨습니다.

예를 들어 말씀하시기를 "우리가 다니는 도로의 선(線)이 큰 길 작은 길이 서로 통하고 산과 물과 들과 마을에 천만 갈래로 뻗어나간 것과 같이 수가 한이 없는 것같이, 개인·가정·사회·국가에 따라 나타나는 길은 한이 없다. 부모와 자녀 사이에 행할 바 길이 있고, 상·하 사이, 부부 사이, 친구나 이웃 동포 사이에도 접응(接應)할 때마다 각각 행해야 할 당연한 길이 있다. 이 당연한 길을 아는 사람은 곧 도, 즉 진리를 아는 사람이다."라고 하시고 "그중에 제일 큰 도는 우리의 본래 성품인 생멸 없는 도와 인과보응 되는 도라."라고 하셨습니다.

이 생멸이 없는 진리와 인과보응의 진리가 서로 바탕을 이루어 한(一) 뚜렷한(圓) 기틀(相)을 지었다고 하셨습니다.

원불교에서는 이 일원상 앞에서 기도하고 일원상을 본받아서 수행합니다. 모두가 오가는 저 길이 큰길 즉 대로(大路)라면, 일원상은 마음과 몸으로 실행해야 할 가장 큰길인 대도(大道)입니다.

'마음'을 알면 생멸이 없는 진리를 알고, '은혜'를 알면 인과보응의 이치를 따라 살아갑니다. 일원상에는 마음의 길, 은혜의 길이 담겨 있습니다.

소태산 대종사께서는 우리의 일상에서 그 길을 어떻게 가야 하는지 친절하게 일러주셨습니다. 그렇게 세세 곡절 가르침을 주신 후에 저희에게 이르십니다. "큰길로 가라!"

얼굴과 눈이 없다?

TV 드라마를 보고 있는 할머니 곁에서 장난감을 갖고 놀던 손자가 묻더랍니다.

"할머니 면목 없다는 말이 무슨 뜻이에요?"

할머니는 손자가 이해하기 쉽게 풀어서 설명했다고 합니다.

"응, 면(面)은 얼굴이고 목(目)은 눈이야. 그 말은 뭔가 잘못되었을 때 사과하는 뜻으로 쓴단다."

"얼굴과 눈이 없다고요? 저 아저씨 얼굴과 눈 다 있는데요."

아이는 아마 드라마 주인공이 하는 말을 듣다가 의문이 들었나 봅니다.

우리 일상에서도 이따금 "면목 없습니다."라는 말을 하지요. 분명히 나의 면목이 있지만 '나'를 나타내는 그것을 자신있게 보여줄 수 없을 정도로 고개를 들지 못하겠다는 의미이지요. 반대로 염치없는 줄 알아야 할 처지인데 얼굴을 빤히 들고 다니면 "낯부끄러운 줄 모른다."라고 핀잔합니다. 이렇듯 내가 되었든 남이 되었든 인격을 따질 때 '면목'이라는 말을 합니다.

절에 가면 면목이 있는 부처님상을 모시지요. 그런데 원불교는 면목 없는 부처님의 모습, 즉 부처님의 심상(心相)인 둥근 일원상(一圓相)을 모십니다. 불가에서는 이를 일러 '본래면목(本來面目)'이라 합니다. 국어사전에 보니 본래면목이란 사람들이 본래 가지고 있는 자신의 모습, 천연 그대로여서 조금도 인위적인 조작이 섞이지 않는 진실한 모습을 말한다고 밝히고 있습니다.

불가에서 내 안에 원래 있는 심성(心性)이나 불성(佛性), 자성불(自性佛)을 깨치게 하려고 "너의 본래면목이 무엇이냐?" 하고 화두를 던지기도 합니다.

나의 일이나 여러 사람이 관련된 공중의 일(公衆事)이나 마음공부를 할 때나 자칫 방향을 잘못 잡으면 면목 없는 경우가 생깁니다. 기왕 살면서 몸과 마음을 쓰면서 면목이 있는 일을 해야 하겠지요.

원불교를 여신 소태산 대종사께서 이런 법문을 하셨습니다. "살(殺)·도(盜)·음(淫) 같은 중계(重戒)를 범하는 것도 악(惡)이지만, 사람의 바른 신심(信心)을 끊어서 영원한 세월에 그의 앞길을 막는 것은 더 큰 악이며, 금전이나 의식을 많이 베푸는 것도 선(善)이지만, 사람에게 바른 신심을 일으켜서 한없는 생애에 그 앞길을 열어주는 것은 더 큰 선이 된다."

'제생의세(濟生醫世)', 즉 어둡고 무겁게 살아가는 인연들을 바른길로 인도하고 마음 병 없는 세상을 만들어가는 것을 목적으로 하며 살아가는 우리에게 가장 면목 있는 일은 무엇일까요. 가까운 인연부터 먼 인연에 이르기까지 다른 사람의 바른 신심(信心)을 일으켜서 앞길을 열어주는 일이야말로 가장 면목이 있는 일이겠지요.

원불교 2대 종법사인 정산 종사께서 법문하셨습니다. "세상에는 변화 가운데 영원히 변하지 않는 이치가 바탕에 있음을 깨달아서 한없는 세상에 각자의 본래면목을 확립하여 천만(千萬) 가지로 변하는 것들을 잘 주재(主宰)하라."

세상만사 변하게 마련입니다. 그 변화 속에서도 변함없는 자리인 나의 본래면목(本來面目)이자 진면목(眞面目)인 '심지(心地)'를 잘 알아보아서 거기에 반조(返照)하며 살면 면목을 떳떳하게 드러낼 수 있겠지요. 지내시다가 일이 없을 때 짐짓 자문해보시기 바랍니다. "나, 면목 있나?" 참 나를 알아가는 데 도움이 될 것입니다.

그래, 그림자였지

교당에서 새벽에 좌선(坐禪)하는 시간에는 불단에 작은 초만 하나 밝힙니다. 초 옆에는 작은 화분이 하나 놓여있지요. 그 촛불에 화분의 하얀 그림자가 드리워집니다.

좌선을 마치면 도반들을 위한 기도에 들어갑니다.

코로나19로 인해 사업이 어려워진 도반, 병고(病苦) 있는 도반, 아기를 가져서 출산을 앞둔 도반, 시험을 앞둔 도반의 자녀들을 위한 기도입니다.

기도를 시작하면서 불단 위의 전등을 밝힙니다. 기도문을 보기 위해서이죠. 전등을 켜는 순간, 조금 전까지 벽에 있던 그림자는 없습니다. 저 등을 켜기 전까지는 그게 전부인 줄 알았지요. 촛불에 비교할 수 없을 정도로 더 밝은 빛을 비추니 그렇게 된 것입니다.

살아가면서 얻는 지혜도 그런 것 같습니다. 마음이 밝지 못해서 지금 내가 겪고 있는 일, 일어난 생각, 기억 등이 나의 영원히 변하지 않을 나인 줄 알고 있지만, 더 밝은 지혜를 얻고 보면 그것이 그림자처럼 영원한 실체가 아닌 줄 알게 되지요.

그것은 비단 눈앞의 일뿐 아니라 오랫동안 마음에 담아두고 온 지난 일도 그렇습니다. 이미 그림자같이 흔적이 없어졌는데도 아직도 마음에는 남아있는 게 있지요. 그게 내 마음에 잔존(殘存)하는 한 자유롭지 못합니다.

그것을 또는 그 이치를 알고 있으면서도 안 되는지, 알고 있으면서도 안 하는 것인지 차이가 있는 것 같습니다. 여기에 용단(勇斷)이 필요합니다. 용기 있는 결단을 말하지요.

원불교 소태산 대종사께서 말씀하셨습니다. "사람이 누구나 자기를 좋게 하려는 한 생각이 없지 아니하나, 구하는 데에서는 혹은 순리로, 혹은 역리로, 혹은 사실로, 혹은 허망하게 각각 그 지견과 역량을 따라 구하므로 드디어 성공과 실패의 차를 내게 되나니라. 순리로 구하는 사람은 남을 좋게 하면서 자기가 좋아지는 도를 행하므로 한없는 낙원을 개척하게 되고, 역리로 구하는 사람은 자기만 좋아지고자 하여 남을 해하므로 한없는 죄고에 빠지게 되는 것이며, 사실로 구하는 사람은 모든 복락을 이치에 따라 당처에 구하므로 그 성과를 얻게 되고, 허망으로 구하는 사람은 모든 복락을 알 수 없는 미신처에 구하므로 마침내 아무 성과를 얻지 못하나니라. 그런데 세상에 순리와 사실로 구하는 사람은 적고 역리와 허망하게 구하는 사람이 많은 것은 아직도 정법이 널리 미치지 못한 연고요, 일체 인류의 정신이 고루 깨치지 못한 까닭이라. 만일 순리로 구하는 도와 사실로 구하는 도가 밝아질 때는 곧 태양의 광명이 중

천(中天)에 오름과 같아서 자타와 피차가 다 화(化)함을 얻으리라.” [대종경 인도품 10장]

긴 세월 살아온 경험으로도 알지요. 지금 앞에 있는 일, 지금 붙들고 있는 상념(想念)이 결국 그림자 같은 것인 줄 알아차리면 그것에 집착하지 말고 내려놓는 게 필요합니다. 마음공부(工夫)는 하고 또 하는 것이라고 했습니다.

마치 대장간 장인(工)이 풀무에 넣어 빨갛게 달군 쇠를 잡철(雜鐵)이 다 빠질 때까지 쇠망치로 두드리는 것처럼 하고 또 한다는 말입니다. 그것은 내게 오는 죄복이 일체유심조(一切唯心造)인 줄 확신해야 실행을 합니다. 알면서도 실행하지 않는다면 아직 굳게 믿지 않는 것입니다.

더 밝고 큰 지혜를 얻는 데 공을 들여야 할 것입니다. 4월은 원불교 소태산 대종사께서 진리를 크게 깨치고(大覺) 원불교를 여신(開敎) 달입니다. 이 4월이 임에게 진리를 깨치도록 궁구(窮究)하는 인연 있는 달이 되시기를 기도합니다.

어, 내 아이스께끼

도반님께서 식사에 초대해서 갔습니다. 식당에서 식사하고 가까이 있는 댁으로 방문했지요. 시원한 수박을 먹고 났는데, 냉장고에서 아이스바를 꺼내 놓습니다. 제 취향을 아는지 "교감님은 메론바죠?" 그중 하나를 꺼내서 건네주셨습니다. 껍질을 벗겨서 먹고 있는데 한 도반님이 추억을 꺼냅니다.

어릴 때, 한여름 초등학교 고학년생들이 어깨에 메고 다니는 아이스케이크(얼음과자) 통에 가게에서 아이스케이크를 받아다 학교 앞에 앉아서 파는 아르바이트를 하곤 했습니다. 통 앞에서 구성진 목소리로 "아이스께끼!" 하면 아이들이 우르르 몰려가서 사 먹곤 했지요. 당시 저학년이었던 도반님은 하굣길에 아이스께끼 두 개를 사서 하나는 집에 있는 동생을 주려고 비닐에 싸서 도시락에 넣고 하나는 빨아 먹으면서 갔답니다.

그런데 집에 도착해서 동생을 주려고 도시락 뚜껑을 여니, 다 녹아서 아이스케이크 막대기만 남아있더랍니다. 그래서 "어, 내 아이스께끼." 하고는 둘이 엉엉 울었답니다.

요즘처럼 드라이아이스가 있었더라면 온전하게 먹을 수 있을 텐데 얼마나 허망했을까요.

아이들 먹는 일에만 그런 일이 있지 않은 것 같습니다. 마음 공부 하는 저희에게도 그런 일이 있지요. 긴 세월 마음공부를 하다 보면 마음에 힘이 붙습니다. 힘이 붙는 그것을 보면 누구에게 알아달라고 할 것 없이 내심 뿌듯하지요.

그런데 그렇게 믿음직스럽던 '마음의 힘'도 경계를 당하여 마음을 잘 챙겨 밝은 마음으로 있으면 그대로 있지만, 마음이 어두워져 방심한 나머지 눈앞의 온 경계에 분별주착하면 금세 풀어져서 흔적도 없습니다. 마치 한여름 더위라는 경계를 당하여 보존을 잘하면 아이스케이크가 녹지 않고 보존을 잘못하면 금세 녹아버리듯 하는 것과 같습니다.

그나마 귀하다고 생각한 것에 집착하다 그러면 덜 속상한데 어차피 변하는 것인 줄 빤히 알고 있는 별것도 아닌 것에 집착하다 그 경우를 당하면 참 허탈하지요. 그러고 보면 경계는 내 '마음의 힘'을 테스트하는 시험 같기도 합니다.

원불교 교도들은 진리와 하나 되기를 염원하며 늘 '일원상 서원문'을 독송합니다. 그중에 '진리를 본받아서 심신(心身)을 원만(圓滿)하게 수호(守護)하는 공부는 지성(至誠)으로 하겠다.'라고 서원(誓願)하는 내용이 있습니다. 오늘도 원래 귀한 나를 잘 보존하기 위해 내 마음을 서원한 대로 귀하게 쓰는 하루가 되시기를 기도합니다.

죽비를 맞았다

엊그제 대통령이 기자회견을 하면서 "죽비를 맞고 정신이 번쩍 들었다."라고 말하였습니다. 기자는 그 말로 부동산정책 실패를 자인한 것이라고 썼더군요. 대통령은 서울과 부산의 시장 보궐선거 결과를 두고 민심을 읽었다는 뜻을 불교의 수행 문화를 빌려 에둘러 표현한 것이겠지요. 이 말이 생경한 사람은 포털사이트에서 죽비를 검색해보았겠지요.

죽비(竹篦)는 불교에서 쓰는 불구(佛具)입니다. 대나무의 마디 아래쪽에 두 갈래를 낸 뒤 틈을 벌려 두드리면 소리가 납니다. 두 가지 종류가 있는데 서로 용도가 다릅니다. 30cm 정도로 짧은 것은 손바닥 위를 쳐서 소리를 내 의식(儀式)의 시작과 끝을 알리는 데 씁니다. 90cm 이상 긴 죽비는 선방(禪房)에서 수행자가 선(禪)을 하다가 졸 때, 어깨를 두드려 수마(睡魔, 잠)를 쫓는 용도로 씁니다.

예비 교무 시절, 겨울방학 기간 영산성지에서 보름간 동선(冬禪)을 했습니다. 공양하는 시간을 빼고는 삼시(三時) 정진(精進)을 하는데 새벽과 낮, 밤에 선을 계속합니다. 죽비를 내리치는 소임(所任)은 몇 사람이 돌아가면서 했습니다.

어느 날 선을 마치고 쉬는 시간에 남자 도반 두 사람이 크게 다투었습니다. 한 도반이 좌선하는 중에 졸지 않았는데 죽비를 맞았다며, 죽비 치는 일을 담당한 도반에게 따지는 중이었습니다. '졸았던 게 맞다.' '안 졸았다.' 실랑이하는 것이었지요. 아마 둘만 앉아서 선을 했다면 안 그랬을 텐데 여러 도반이 있는데 그 시간에 죽비를 맞은 게 자기뿐이어서 더 마음이 상했는지도 모릅니다.

마음공부를 하다 보면 여러 고비가 있습니다. 그중에 이쯤 되면 내가 마음의 힘을 갖출 만큼 갖추었지, 생각하고 있을 때가 있습니다. 누군가 내게 다가와 충고를 하면 잘 받아들이기도 하지만, 안 받아들일 경우도 있습니다. 이것도 돌려서 생각하면 내게 죽비를 내리치는 경우겠지요.

원불교 2대 종법사인 정산 종사께서 말씀하셨습니다. "어떤 사람이 눈이 밝은가, 자기의 그름을 잘 살피는 이가 참으로 눈 밝은 이요, 어떤 사람이 귀가 밝은가, 알뜰한 충고 잘 듣는 이가 참으로 귀 밝은 이니라." 진리를 온전하게 깨달아(證得) 얻기 전까지는 눈이 더 밝아야 하고 귀가 더 밝아야 합니다.

법문에 심사(心師)와 심우(心友)와 심계(心戒)가 있어야 한다고 했지요. 마음 스승이나 마음 벗이나 마음 계는 공부에 게을러진 내게 내리쳐주는 죽비와 같습니다. 때에 따라 내리치는 그것을 나를 일깨우는 은혜로 알아차리는 사람은 몸과 정신을 다시 추슬러 정좌(正坐)하지만, 그것을 수용하지 않는 사람은 그것이 번뇌로 남거나 선방을 떠납니다.

시간이 걸릴지라도 기어이 성불(成佛)하겠나고 서원(誓願)했다면, 참나를 위한 죽비라면 시비 가리지 말고 맞아야 하겠지요. 지금 내가 눈이 밝은지 귀가 밝은지 반조하면서…….

지구를 살리는 문, 나를 살리는 문

제가 사는 동네에 생협이 있습니다.

건강한 먹거리를 파는 고마운 가게입니다. 가게 출입문에 '지구를 살리는 문'이라고 적혀있습니다.

화학비료 안 쓰고 생산한 채소와 과일, 닭장에 가두지 않고 방사하여 기른 닭에서 나온 달걀, 천연 조미료, 포장 비닐 없이 장바구니만 사용하기 등 환경을 보존하는 농산물을 공급하는 이 가게를 이용하는 사람이 많을수록 지구를 살리게 되니 이 문을 들랑날랑하는 당신은 지구를 살리는 일원이라는 메시지일 것입니다.

건강한 식품은 곧 약이니, 지구만 살리는 게 아니라 내 몸을 살리고 그 식재료로 요리한 밥상에 둘러앉은 우리 가족을 살리는 것이지요.

산책하는 동안 많은 가게 앞을 지나치는데 문이 다 있죠. '저 문은 무엇을 살리는 문일까?' 하고 생각하게 됩니다. 그중 이 동네에 있는, 제가 봉직(奉職)하는 원불교 교당(敎堂)도 문이 있지요. 이 문은 어떤 문일까?

주로 지방에 근무하다가 올해로 3년째 기거하는 도량인데 작년 초 코로나19가 발생하면서 방역수칙을 지켜야 하는 사정이 생기면서 저 문이 한층 한가해졌습니다.

'원불교 교당의 문은 무엇을 살리는 문일까?' 이 문을 드나드는 모든 이들의 마음을 살리고 그들이 만나는 사람들과의 관계를 상생(相生)으로 살리는 문입니다.

불가에서는 사람에게 여섯 개의 문이 있다고 합니다. 눈, 귀, 코, 입, 몸, 마음. 이것을 육근문(六根門)이라고 하지요.

원불교 3대 종법사이신 대산 종사께서 법문하셨습니다. "사람이 자기의 육근문을 열 줄도 알고 닫을 줄도 아는 공부를 잘해야 한다. 이것은 천만(千萬) 경계(境界)를 대할 때마다 육근문에 검문소를 설치하여 마음이 법(法) 없이 들어왔다 나갔다 하지 못하도록 온전한 생각으로 취사(取捨)하는 공부이다. 특히 육근문을 개폐할 때는 열에 셋은 부득이 열더라도 나머지 일곱은 닫아 함축(含蓄)할 줄 알아야 한다. 불보살 성현들의 행적(行蹟)을 돌아보면 그중 둘이나 하나만을 열어놓고 사셨으나 보통 사람과 중생들은 열을 다 열어놓고 살므로 본성(本性)이 죽거나 도둑을 맞아 빈 껍질만 남게 된다. 그러므로 항상 마음을 잘 챙기는 공부를 잘하여 육근을 중도(中道)에 맞게 여닫아서 의식의 자유와 호흡의 자유와 육신의 자유를 얻고 보면, 일체 고액(苦厄)에서 해탈(解脫)하는 경지에 이를 뿐 아니라 불보실 성현의 능력을 얻게 될 것이다."

이어서 말씀하시기를 "어떤 수도인들은 문을 잠그고 그 속에 앉아 선을 하는 것을 무문관(無門關)이라 하나 참다운 무문관은 육근문을 닫고 자성(自性)을 바라보는 것[無門觀]이니, 참다운 토굴(土窟)이 내 몸 안에 있음을 알아 무너지지도 어두워지지도 물들지도 않는 자성 금강(自性金剛)을 회복하는 데 힘쓰라."라고 하셨습니다.

나를 살리는 문은 내게 본래 있는 육근문을 잘 드나드는 데 있다는 가르침입니다.

살아가는 데 몸이 소중하지만, 그 몸의 참 주인인 나의 본래 마음(自性)을 찾는 것은 더 소중합니다.

오늘도 나에게 있는 문짝 없는 그 문을 온전하게 잘 사용하는 하루가 되시기를 기도합니다.

그늘까지도 인생이니까

신문에 어느 기업인이 산문집을 냈다며 소개하는데 제목에 눈이 끌렸습니다. 『그늘까지도 인생이니까』 깊은 사유를 담고 있습니다.

사람들은 대체로 행복한 일만 앞에 오기를 바랍니다. 그리고 행복한 기억만 나의 인생으로 받아들이려 합니다. 종교를 신앙하는 사람들마저 내게 행복한 일이 다가올 때만 진리로 받아들이려 합니다. 양지(陽地)가 있으면 반드시 그늘이 있는 줄 알면서도 그렇지요.

인생에서 그늘이란 그만큼 받아들이기 거북할 정도로 인정하고 싶지 않죠. 특히 노년기에 있는 분보다 청년기나 장년기에 있는 분은 더 어렵죠. 하지만 그늘은 혹 못 보았을 뿐 내 생애 언제나 있습니다. 그래서 그늘까지도 내 인생으로 수용하기까지는 깊은 성찰이 필요합니다.

원불교에서는 신앙처인 법신불(法身佛)께 기도하는데 "즐거운 일을 당할 때는 감사를 올리며, 괴로운 일을 당할 때는 사죄를 올리고, 결정하기 어려운 일을 당할 때는 결정될 기도를 올리며, 난경(難境)을 당할 때는 순경(順境)될 기도를 올리고, 순경(順境)을 당할 때는 간사하고 망령된 곳으로 가지 않도록 기도하라."라고 합니다. 인생에서 명암(明暗)을 아울러 수용하는 기도를 하라는 가르침입니다. 그것이 참된 신앙의 길이겠지요.

진리가 우리 앞에 나타날 때는 은현자재(隱顯自在)로 나타납니다. 숨은 것[隱]과 드러나서 나타난 것[顯]이 함께 있는 것이지요. 내 앞에 온 것이 은혜 또는 복락(福樂)으로 나타나기도 하고 해악(害惡) 또는 죄고(罪苦)로 나타나기도 합니다. 그런데 나타나서 보이는 그것이 전부는 아닙니다. 그 이면(裏面)에 아울러 있는 것이 크든 작든 있게 마련입니다.

그 가르침을 '은생어해(恩生於害)' 내 앞에 온 해(해악 害惡, 죄고 罪苦)에서 은혜(복락 福樂)가 생길 수 있고, '해생어은(害生於恩)' 내 앞에 온 은혜(복락)에도 해(해악, 죄고)가 생길 수 있다는 진리입니다. 이런 순환은 누구에게나 무엇에나 쉼 없이 나타나며 이뤄집니다.

이 진리에 대한 믿음이 있고 밝게 바라보는 지혜가 있으면 나를 볼 때나 남을 볼 때나 조급하지 않습니다. 그리고 여유 있을 때 물건이나 마음을 혼자 다 차지하지 않고 두루 나누어 쓰며 미리 준비합니다. 이 진리에 대한 믿음이 없고 무명(無明)이 앞을 가려 마음이 어두우면 조급하고 습관대로 하며, 여유가 있을 때도 물건이나 마음을 혼자 다 차지하고 미리 준비하지 않아서 일할 때마다 당황합니다.

'그늘까지도 인생이니까.' 이 진리를 자연스럽게 받아들이기까지는 '속 깊은 마음공부'가 필요합니다.

중심을 잘 잡아라

공원에서 산책하는데 어르신 한 분이 노인 유모차를 밀고 가시다가 벤치에 앉아 숨을 몰아쉬고 계셨습니다.

어느 지혜 있는 분이, 아기를 태워 밀고 다니는 유모차에 착안하여 저렇게 고마운 노인용 유모차를 개발해 많은 어르신이 은혜를 입고 삽니다.

어르신 옆에 앉아 땀을 식히며 "힘드시죠?" 하고 여쭸습니다. 제 인사에 웃으시며 하시는 말씀이 "그래도 이것이 있어서 중심이 잡혀 괜찮소. 얼마 전까지만 해도 지팡이면 족했는데 이제는 세 발로도 안 돼요." 발에 힘이 있어서 지팡이까지 세 발로도 중심을 잡았는데 이제 좌우뿐 아니라 앞으로 넘어질 정도로 중심을 못 잡는데 노인 유모차에 의지하니 앞뒤 좌우 중심을 잡을 수 있으시다는 말씀입니다.

저는 어릴 때 성격이 내성적이어서 남 앞에서 말 한마디 제대로 못 하고 작은 일에도 자신 없어 했습니다. 아버지는 그렇게 갈팡질팡하는 저를 보고 "정신 차리고 중심을 잘 잡아라." 하셨습니다. 그렇지요. 중심을 잘 잡는 것은 폭이 좁은 외나무다리를 건널 때만 하는 게 아니지요.

살면서 중심을 잡아야 할 일이 참 많습니다. 전후좌우로 흔들리는 나를 잘 잡는 게 중심이죠.

원불교 소태산 대종사께서 말씀하시기를 "사람이 만일 오래오래 선(禪)을 계속하여 모든 번뇌(煩惱)를 끊고 마음의 자유를 얻게 되면, 철주(鐵柱 철 기둥)의 중심(中心)이 되고 석벽(石壁 돌로 된 벽)의 외면(外面)이 되어 부귀영화(富貴榮華)에도 마음이 끌려가지 않고, 무력이나 권력도 그 마음을 굽히게 하지 못하며, 어떤 일을 해도 걸리고 막히는 바가 없고, 세상의 어떤 어려운 일에 처하여도 부동심(不動心)이 되어 항상 마음의 안정(中心)을 얻는다."라고 하셨습니다.

사람이 함께 잘 살 수 있는 사이가 되려면 항상 중심을 잃지 않고 양면(兩面)을 두루 살펴 과(過)하거나 부족함이 없는 원만한 행(行)을 하라고 했습니다. 원불교에서는 일상에서 중심을 잘 잡도록 정신수양(精神修養), 사리연구(事理硏究, 作業取捨) 세 가지 마음공부 길을 가르칩니다. 정신을 수양하여 수양력을 얻고, 일과 이치 속에서 진리를 연구하여 연구력(지혜의 힘)을 얻고, 심신(心身)을 작용하여 업(業)을 지을 때 죄업(罪業 악업)이 아닌 복업(福業, 선업)의 길을 취하는 취사력을 얻게 하는 가르침입니다.

세 가지 공부는 서로 나뉘어 있지 않고 하나로 연결된 공부이지요. 남이 보아도 알 수 있는 그 사람의 마음 실력을 업을 짓는 순간에 행하는 취사력을 보면 알 수 있다고 했습니다. 가지와 잎이 아무리 좋아도 열매를 제대로 맺지 못한다면 제대로 된 과실수가 아니라고 비유해서 말씀하셨지요. 수양을 잘하여 좌선하는 내내 요지부동(搖之不動)으로 자세도 꼿꼿하다고 정평이 나 있는 분의 취사나, 설법을 잘하는 분이 일반 대중도 이해할 수 없는 수준으로 취사(取捨)하는 것을 보고 실망할 때도 있지요. 삼학을 공부하는 마음의 힘이 삼위일체(三位一體)가 되지 않는 것이겠지요.

마음공부를 하다 보면 '이 정도면 됐지.' 하고 그 수준으로 만족하고 심신작용을 하는 경우가 있지요. 그럴 때 멈추어서 깊이 순숙(醇熟)하는 과정이 필요합니다. 거기에서 나오는 힘이 참다운 힘이라고 생각합니다.

어르신은 숨이 골라지셨는지 다시 노인 유모차를 끌고 가십니다. 뒷모습을 보니 흔들림이 없으십니다. 저를 바라보는 편안한 표정을 보니 마음도 그러신 것 같았습니다.

젊다 하여 마음의 중심을 잘 잡고, 늙었다 하여 마음의 중심을 못 잡고, 학력이 높거나 마음공부를 해온 기간이 길다 하여 마음의 중심을 잘 잡고, 학력이 낮거나 마음공부를 해온 기간이 짧다 하여 마음의 중심을 못 잡는 것이 아니겠지요. 오늘도 마음의 중심자리를 잘 바라보고 취사를 원만하게 하려고 노력하는 하루가 되기를 기도합니다.

보이지 않는 잔

피어나는 꽃 한송이

그대 아닌가 하

제2장 사람의 향기

그이를 대하는 내 마음

강남교당 앞에는 참 명품 숲이 있습니다. 바라볼 수 있는 창이 모두 숲을 향하고 있어 요즘처럼 녹음이 우거진 때에는 눈만 거기에 두고 있어도 마냥 시원합니다. 얼마 전에는 숲 아래로 다니는 길목에 큰 나무를 토막 내어 의자로 만들어 놓으니 이제 야외에서 차를 마실 수도 있습니다.

그런데 걱정이 하나 생겼습니다. 이따금 담배꽁초들이 보이곤 합니다. 엊그제는 숲 아래로 난 길을 청소하던 도반님이 담배꽁초를 양손에 한 움큼 주워다 버리는 것을 보았습니다. 혹여 낙엽이 쌓인 숲속에 술에 취한 애연가가 밤에 꽁초라도 훅 던지고 가면 큰일이지요. 생각이 여기에 미치니 지나가는 사람(특히 남자)이 미심쩍게 보이기 시작합니다. 이런 생각이 더해지기 전에 마땅한 마음을 찾기로 했습니다.

그런데 참 이상하지요. 특별한 관계도 없는 그분들을 '대하는 마음'이 그 생각이 일어나기 전과는 달라진 저를 봅니다. 비단 이 일만이 아니겠지요. 살면서 사람을 만나며 늘 일으키는 게 만나는 '그이를 대하는 마음'입니다. 그가 매일 만나는 사람이거나 간혹 만나는 사람이거나 또는 오랜만에 만나는 사람이든 그를 대하는 마음은 어떤가 하는 것이지요. 굳이 나누자면 은인(恩人)처럼 대하는 마음, 원수(怨讐)처럼 대하는 마음, 무심(無心)으로 대하는 마음 그렇겠지요.

어떤 마음으로 대하는지요? 가깝게 잘 지내던 사람도 어느 때부터인지 불편한 마음이 생기면서 무심으로 대하거나 원수처럼 대하기도 하지요. 그런가 하면 무심으로 대하거나 원수처럼 대하던 사람도 한마음 돌이키어 은인으로 대하는 마음이 일어나기도 합니다.

때로는 내 앞에 대상인 그이에게 문제가 있을 수 있지요. 그렇지만 대하는 내 마음 또한 그에 못지않게 문제일 수 있습니다. 사사불공(事事佛供), 일일이 불공하라. 일마다 불공하라 하신 뜻은 먼저 '그이를 대하는 내 마음'을 부처님 마음으로 챙기라는 뜻이 담겨 있습니다.

'그이를 대하는 내 마음'이 소중합니다. 그이를 은인처럼 대하는 마음으로 쓰고 또 쓰면 언젠가 나를 대하는 그의 마음도 달라질 것입니다. 그게 언제나 이뤄지느냐고요? 그래서 일마다 하는 불공도 성공의 기한이 다 다르다고 하셨지요.

오늘도 '그이를 대하는 내 마음'을 잘 챙기셔서 '좋은 분'이 되시기를 기도합니다.

그래 이제 놓아 주자

사촌 형이 열반했다는 소식을 듣고 전주에 다녀왔습니다. 암이 발병해서 두 번 치료하여 고비를 넘기고 몇 년 잘 지내시더니 이번에는 어려웠던 것입니다. 영전에 예를 올리고 만난 형수께서 제 손을 잡고 하는 말이 '이제 마지막이구나.' 하며 두 가지 생각이 들더랍니다. "이제 일흔 셋인데 이렇게 좋은 세상을 남들처럼 더 살아보지도 못하고 일찍 가야만 하나 하는 섭섭한 마음 하나, 저렇게 아프다는데 더 연명하면 무엇 하나 하는 마음 하나. 그래 이제 놓아주자."

젊은 시절 월남전에 참전했던 형님은 참 유쾌하게 사신 분이었습니다. 하지만, 남들은 무용담처럼 이야기하는 전쟁 이야기를 꺼내는 것은 퍽 싫어하셨습니다. 전쟁의 기억을 지우기 위해였는지 그때부터 담배를 많이 피우셨던 형님은 처음 폐암 판정을 받던 날, 담배를 끊으셨다고 했지요. 항상 웃는 얼굴로 사시던 형님의 몸도 암세포는 못 이기고 가셨습니다. 다시 오는 다음 생에는 좋은 가정에 건강한 몸으로 태어나셔서 장수하시기를 기도합니다.

그런데 사람의 몸을 그렇게 괴롭힌 암세포도 살아있어야 활동하지 죽으면 더 확장하지 못하고 멈춥니다. 불가에서는 사람이 죽은 것을 일러 보통 '열반'이라고 하지요. 그리고 생시에 생사를 초월한 경지, 마음의 자유를 얻은 경지에 이른 것 또한 열반이라 합니다. '참 열반'이라고 하기도 하지요.

몸을 극도로 상하게 하는 것은 암세포만이 아닙니다. 마음도 있지요. 원래 아무것도 없는 마음자리에서 한마음 일으키면 그에 따라 기운이 작용하여 몸의 세포를 살리듯 마음 또한 나뿐 아니라 남도 살리는 마음이 있습니다. 그런가 하면 반대로 한마음 잘못 일으키어 나도 꺾고 남도 꺾는 마음이 있습니다.

지금 멈추어 이 마음을 보면 그게 어떤 마음인지 알아차릴 수 있습니다. 그리고 그 마음이 어떤 마음으로 번질지도 알아차려야 합니다. 혹 지금 일어난 마음이 상극으로 치달아 나를 옥죄는 암세포와 다를 바 없다고 알아차리면 얼른 놓겠지요. 그런데 그렇게 못하는 것이 중생의 어두운 마음이지요.

선한 마음을 양심(良心)이라 하고 악한 마음을 '암심(癌心)'이라 하면 정신이 번쩍 나서 얼른 놓을 텐데 말입니다. 아직 견딜 만하다고 여기니 그렇게 붙잡고 있나 봅니다. 암도 초기에 발견하여 치료해야 완치되듯 '암심(癌心)'도 알아차린 초기에 바로 내려놓아야 나의 마음이나 인연의 관계도 상하지 않습니다. 지금 볼 때, 이것이 굳이 갖고 가야 할 마음이 아니라면 그만 내려놓으시기 바랍니다.

암으로 인해 투병하시는 분들, 꿋꿋이 암도 이겨내시고 이후에는 늘 건강하시기를 기도합니다. 그리고 이번에 암 치료하실 때 그간 가졌던 안 좋은 마음도 한꺼번에 다 보내시기 바랍니다. 그까짓 마음 이기고 물리치는 것 아무려면 '암(癌)'을 이겨낸 것만 하겠어요.

누구에게나 귀한 하루인데

대학 졸업 후 교무(원불교 성직자의 호칭)의 길을 가려고 아버지께 고백했습니다. 집을 떠나던 날 말없이 저를 바라보던 아버지가 세 가지 당부 말씀을 하셨습니다. 그중 하나가 "그 일 한다고 사람 차별하지 마라."였습니다. 돌아가실 때까지 그때 왜 그 말씀을 하셨는지 여쭤보지 않았습니다만, 그 약속만은 지키려고 유념했습니다.

교무 훈련(1년에 한 차례 1주일간 교당을 떠나 원불교 훈련원에서 수행하며 이루어지는 훈련)이나 교당 이외의 공무를 맡아서 교당을 비우게 될 때 교도(원불교 신자의 호칭) 가족의 중요한 의례(儀禮)가 있으면 마음이 걸립니다. 왜냐하면 그분에게는 의례가 있는 날이 1년에 한 번 또는 평생 한 번(천도재의 경우) 있게 되는 귀한 하루이기 때문입니다. 제가 아니어도 후배 교무님들이 정성스럽게 의식을 거행해 드리지만, 제일 위에서 책임을 맡은 제가 있다면 더할 나위 없겠지요. 만부득이하지만, 여하튼 당하는 그분에게는 그럴 수밖에 없습니다. 그럴 때는 양해를 구하지만 참 미안합니다. 그분에게 다음에는 그런

기회가 겹치지 않기를 기도합니다.

살다 보면 일부러 하는 차별도 있지만 이렇게 의도하지 않게 이뤄지는 차별도 있습니다. 다행히 양해를 받아주면 그 짐이 덜어지는데 그 섭섭한 마음을 억지로 할 수는 없는 것입니다. 꼭 이런 경우는 아니겠지만, 그런 줄도 모르고 그런 일을 겪게 하는 예도 없지 않을 것입니다.

그래서 선하게 살고 선업을 지으려고 유념을 해도 알고 짓는 업이 있고 모르고 짓는 업이 있다고 하나 봅니다. 받아들이는 분이 그렇게 받으면 그럴 수 있지요.

반대로 당하는 사람이 나의 입장이 되었을 때도 섭섭한 마음을 일으킨 그 일이나 그 사람이 있다면 그분과 상생의 업연을 가져갈 취사가 필요하겠지요. 그럴 때 그 마음을 놓을 수 있는 자문자답이 있지요. “그래, 모르고 그랬을 거야.” "아마 그럴 만한 사정이 있어서 그랬겠지.”

누구에게나 귀한 하루입니다. 내 말, 내 행동 하나가 그분에게 귀한 하루가 될 수 있기도 하고 잊고 싶은 날이 되기도 할 것입니다. 그래도 다행인 것은 우리가 하루만 살지 않는다는 사실입니다. 어제 잘못했어도 한마음 챙기면 다시 되돌릴 수도 있습니다.

물론 그렇게 하려고 작정하는 마음이 필요하겠지요. 오늘도 은혜롭게 맞이한 하루 귀하게 보내시기 바랍니다. 나에게도 귀한 하루이고 그분에게도 귀한 하루라는 것을 잊지 마시고요.

내 자리 어디에 있지?

원불교 강남교당 카페에 이런 글이 올라왔습니다.

제목 : 땅따먹기

어릴 적, 친구들과 땅따먹기를 하곤 했습니다. 가위 바위 보를 해서 이기면 자기 손의 한 뼘만큼 선을 그어 땅을 키워가는 놀이였습니다. 제법 큰 땅을 따먹으면 기분이 좋았지만, 땅을 모으지 못하면 화가 나기도 했습니다. 그러나 해가 지고 집으로 돌아갈 때가 되면 아무런 미련 없이 훌훌 털고 일어섰습니다. 어릴 땐 버릴 줄 알았지만, 나이가 들면서 욕심만 늘어갑니다. 애초부터 내 것이 아니었지만 언제부턴가 버리지 못하는 마음이 늘었습니다.

이 글을 읽다가 얼마 전 얻었던 감상이 겹쳐져서 여기에 적어봅니다. 강남교당에서는 주말을 이용해 한나절씩 선방(禪房)을 열 때가 있습니다. 원불교 교도만 대상이 아니고 시민들도 함께할 수 있습니다.

선방을 시작하면 선실에 가지런하게 참석자 수만큼 같은 모양, 같은 색깔의 좌복(방석)을 깔지요. 그럼 각자 편한 자리를 골라서 앉습니다. 1시간 단위로 진행하는데 시간마다 10분 이상 휴식 시간을 둡니다. 그 시간에 차를 마시거나 가볍게 걷거나 쉬기도 하지요. 다시 다음 시간이 시작되면 자리에 앉는데, 거의 자기가 앉았던 자리에 앉습니다. 이름을 적어두지 않았지만 처음 정했으니 자기 자리로 아는 것이고 다른 이들도 그의 자리로 아는 것이지요. 그렇게 청정한 마음으로 하루 선방을 마치면 좌복을 벽장에 차곡차곡 쌓습니다.

다음날 그 선방에 가면 내가 어제 앉았던 좌복을 찾는 사람도 없고 어제 앉았던 그 자리를 "내 자리 어디에 있지?" 하며 내 자리 찾는다고 우기는 사람도 없습니다. 그게 당연하니까요. 그런데 살면서 이런 자리를 내 자리라고 기어이 기억하며 잊지 않으려고 우기며 용쓰는 일이 간혹 있습니다. 그로 인해 본인도 마음이 불편하고 가까이 지내는 사람도 불편합니다. 시일이 지나면 그게 다 부질없는 일일 줄 알면서도 당장 그렇게 하지 못합니다. 그게 바로 나이고 나의 절대적인 분신으로 여기기 때문입니다.

그런 것은 비단 물건만이 아니고 생각도 그런 게 있고, 묵은 습관에도 있고, 다른 사람을 바라보는 관점 중에도 있습니다. 어두워서 그것을 스스로 못 보는 것일까요? 집착하고 있어서 어두워진 것일까요? 선후를 따지는 게 중요하지 않습니다. 변하는 것을 변하지 않으리라고 믿고 있는 것이 원인이겠지요. 이따금 내 기억의 벽장에는 그런 게 차곡차곡 쌓여 있는 것은 아닌지 살펴볼 일입니다.

원불교 정산종사께서 법문하시기를 "천지의 변화하는 이치를 보아서 변할 자리에는 잘 변하며, 천지의 불변하는 이치를 보아서 변치 아니할 자리에는 변하지 않는 것이 진리를 바로 아는 사람이다."라고 하셨습니다. 이 이치를 알아 마음을 잘 써서 마음의 자유를 얻는 하루하루가 되시기를 기도합니다.

참 아름다운 OO

제가 머무는 회심당(會心堂) 앞산에도 단풍이 들었습니다. 1월에 부임할 때만 해도 앙상한 가지 위에 밤새 내린 눈이 앉아 있었는데, 그 나무에 싹이 트는 봄이 오나 했더니 녹음 우거진 여름을 지나 이제 또 저렇게 그 자리에서 아름다운 모습으로 다가옵니다. 이달이 지나면 처음 맞이했던 모습을 또 보겠지요. 저 산은 겨울은 겨울대로 봄은 봄대로 여름은 여름대로 또 가을은 가을대로 아름답습니다.

저마다 각기 자란 나무가 철 따라 그 흐름대로 제 삶을 사는데도 저렇게 서로 어울려 아름답습니다.

사람이 아름답다고 하지요.

예쁘고 멋진 옷을 입어 그렇기도 하겠지만, 자기 일에 충실하면서도 남은 힘을 다른 사람의 편안함, 즐거움을 위해 봉사하는 모습이 참 아름답습니다. 강남교당에서도 법회 전이나 법회 중에나 법회를 마친 후에도 각자 맡은 봉사 거리를 찾아 저 숲처럼 아름다운 모습을 보입니다.

지난주에는 각자 아끼던 물건을 내놓아 바자를 열었지요.

가벼운 가격에 많은 사람이 행복감을 느꼈습니다. 좋은 바자를 위해 또 많은 인연이 먼지가 나는 속에서 마스크를 쓴 채 준비하고 어떤 분은 교당에서 하룻밤을 자면서 준비했지요.

지난 한 달간 강남교낭 합창단인 원 코리스는 모레 10일(일) 오후 3시에 서울 흑석동의 소태산 기념관 내 소태산홀에서 있을 정기연주를 위해 하루 일을 마치고 오후 7시에 모여 밤늦은 10시까지 연습을 했습니다. 목이 아플 정도로……. 그래도 모두가 행복한 표정입니다.

합창을 아름다운 '소리'라고 하지요. 소프라노, 알토, 테너, 베이스, 반주 그리고 지휘자까지 서로 다른 이들이지만 각자의 맡은 소리와 몸짓 반주로 조화를 이루니 '모습'이 아닌 '소리'가 아름답다고 합니다.

여기에 기쁘게 함께해줄 청중이 많으면 더 좋겠지요. 아름다운 소리도 객석에서 행복하게 바라보며 듣고 손뼉 쳐주는 이들이 있어야 더 어울립니다. 이번 기회에 가족, 친지, 친구들에게도 권하여 함께 아름다운 소리를 듣는다면 몇 날 며칠 준비한 사람과 같은 봉사 공덕이 될 것입니다.

그리고 오는 17일(일) 오후 1시에는 교당 '중도홀'에서 주중 또는 주말마다 동아리 활동을 했던 도반들이 발표회를 갖습니다. 아마추어시만 최신을 디히는 그 모습이 멋진 모습으로 연출될 것입니다. 단풍으로 물든 앞산 못지않게 참 아름다운 소리가 너무 좋은 가을입니다.

힘들어 죽겠어요

교당 카페에 앉아 차를 마시고 있는데, 한 도반님이 제 앞에 풀썩 앉더니 푸념을 합니다.

표정을 보니 말로만 그런 것 같았습니다.

"교감님, 힘들어 죽겠어요."

"그러게요. 뭐 하러 그 힘을 들고 있어요. 그 힘 내려놓으세요."

"내려놓지요. 그런데 교감님이 또 하나 짐 지워 주시잖아요."

제가 말을 멈추고 차를 마시는 사이에 이렇게 말씀하십니다.

"공부 좀 그만 시켜주세요."

"그러게요. 대종사님은 왜 저희 호칭을 가르칠 교(敎)자 '교무(敎務)'라고 해서 교도들을 힘들게 하는지 모르겠어요. 놀 유(遊)자 '유무(遊務)'라고 했으면 좀 좋아요. 교당에 와서 공부 안 하고 실컷 놀다 가게 하면 좋을 텐데 굳이 가르쳐서 보내야 하니 저도 힘들어요."

그렇게 서로 한바탕 웃고 말았습니다.

원불교에 오는 분들이 마음공부 하면서 구하는 게 있지요. 마음의 자유를 얻고, 생사를 초월하고, 죄복을 내 임의로 할 수 있는 능력을 얻는 것, 이 세 가지입니다. 제가 공부시키는 것도 이 세 가지입니다.

마음의 자유를 얻자면 나를 구속하는 그것을 떨쳐버려야 하는데 그러자면 마음을 알아야 합니다. 마음을 바로 알아 마음을 잘 써서 어떤 경계에든 구속되지 않고 자유롭게 사는 것이 첫 번째로 구하는 공부입니다.

둘째로 생사는 우리의 인생 경로를 말합니다. 생로병사(生老病死)의 흐름은 부처님 같은 성자나 우리 같은 보통 사람이나 다 같이 겪지요.

그런데 이 과정에 겪는 모든 일을 변하는 것으로 알고 거기에 집착하지 않고 초월해서 사는 사람이 있는가 하면 사사건건 집착하여 힘들게 사는 사람도 있습니다. 이렇게 변화로 알고 생사를 초월하는 삶은 해탈(解脫)이라고 합니다.

끝으로 나에게 오는 죄복을 내 임의로 할 수 있다는 말에 그 뜻을 모르는 분은 경망스럽다고 여기기도 하겠지요. 사람은 누구나 자기가 지은 바를 선업(善業)이나 악업(惡業)으로 받습니다. 이미 지은 바를 지금 내 앞에 온 업(業)으로 받을 때, 내 마음의 힘(心力)의 정도에 따라 그 업을 수용(受容)하여 다음 업으로 넘기는 정도가 다를 수 있겠지요.

불법(佛法)을 따르는 분들에게 가장 큰 덕담은 "성불(成佛)하세요."입니다. 여기에 견성(見性)을 더하여 '견성성불(見性成佛)'이라는 말을 하지요. 견성이란 '마음을 알고, 생사의 원리를 알고, 죄복의 이치를 바로 아는 것'을 말합니다. 성불이란

'마음의 자유를 얻고 생사를 초월하고 내게 오는 죄와 복을 내 임의로 하는 경지'를 말합니다.

대종사 말씀하시기를 "불보살들은 이 천지를 편안히 살고 가는 안주처(安住處)를 삼기도 하고, 일을 하고 가는 사업장(事業場)을 삼기도 하며, 유유자재(遊遊自在)하게 놀고 가는 유희장(遊戲場)을 삼기도 하나니라."라고 하셨습니다. [원불교 대종경 불지품 23장]

힘들어 죽겠지요?

그래도 서원을 크게 세우시기를 기도합니다. 그런데 혹시 저 때문이 아니라 다른 일 때문에 힘들어 죽는 것은 아닌가요? 힘들면 내려놓으세요. 힘 내려놓으시고 설 명절 가족들과 행복하게 잘 보내시기 바랍니다. 감사합니다.

가락시장이 휑해요

식재료를 사러 시장에 다녀온 교무님이 교당에 들어서면서 "가락시장이 휑해요. 참 걱정이 되네요." 그럽니다. 요즈음 신종 코로나 바이러스 전염을 우려해 시민들이 바깥 활동을 자제하다 보니 식당에 손님이 뜸하여지자 식자재를 사들이는 양이 현격히 줄어들어 우리나라에서 가장 크다는 농수산물도매시장에도 여파가 미치나 봅니다. 뉴스를 보니 그 파장이 곳곳에 퍼지고 있습니다.

강남교당도 예기치 않은 상황을 대비하기 위해 법회 외의 모든 활동과 교도가 아닌 분들의 교당 시설 이용을 잠정 중단했습니다. 불특정 다수가 이용하는 대중교통도 타야만 하고, 생활을 하려니 부득불 시내에 다녀야 하는데 누구에게 바이러스가 잠복하고 있는지 모르니 특히 조심할 수밖에 없습니다. 본인에게도 그렇지만 자칫 가족들에게 옮긴 사례가 있으니 서로서로 마음을 챙기고 있습니다.

이 바이러스는 지금껏 겪어보지 못한 바이러스라서 앞에 '신종(新種)'이라 이름을 붙였다고 합니다. 아마 질병관리본부에서 "이제 안심해도 된다."라고 발표할 때까지는 모두가 정성을 다해 조심할 것입니다. 그런데 아무 걱정 없이 지내다가 바이러스가 퍼져 나가니 너 나 할 것 없이 정신 차려 주의하는 데 특별히 정성을 다하는 이유는 어디에 있을까요?

원불교 소태산 대종사께서 말씀하시기를 "사람이 무슨 일이나 그 하는 일에 정성이 있고 없는 것은 그 일이 자기에게 어떠한 관계가 있는가를 알고 모름에 있다."라고 하시고 "의식(衣食)을 구하는 사람이 의식을 구하는 데에 정성이 있는 것은 그 의식이 자기의 생활 유지에 직접 관계있는 것을 알기 때문이요, 병에 걸린 사람이 치료에 정성이 있는 것은 그 치료가 자기의 건강 보존과 중요한 관계가 있는 것을 알기 때문이며, 공부하는 사람이 공부에 정성이 있는 것은 그 공부가 자기의 앞날에 중대한 관계가 있는 것을 알기 때문이다."라고 하시면서 "이 관계를 아는 사람은 어떤 고통이 있을지라도 이를 극복할 것이다."라고 하셨습니다.

살아가면서 대하는 사람에게 전하는 나의 말 한마디, 나의 행실 한 번이 선업(善業)이 될 수도 있고 악업(惡業)이 될 수도 있습니다. 행하기 전에 한번 멈추어 내 마음을 살피면서 하면 대체로 선업이 되지만, 습관대로 편한 행위대로 불쑥 해버리면 악업을 짓기 쉽습니다.

그렇게 지은 업의 결과로 내게 죄와 복이 오는 것입니다. 이렇게 보면 나는 죄복(罪福)의 조물주(造物主)입니다.

조물주님!

신종 코로나바이러스에 조심하여 정성을 다하듯 꼭 그렇게 사람을 대하시면 불지(佛地)로 가는 길이 항상 내 앞에 있어서 '걸음걸음이 위대하신 성현의 길(步步一切大聖經보보일체대성경)'로만 갈 것입니다. 지금 하시는 것처럼 마음 잘 챙기시어 이번 고비를 무탈하게 잘 넘기시고, 업을 짓는 작업(作業)도 각별하게 유념하셔서 이번 기회에 선한 일도 많이 쌓으시기 바랍니다. 임의 심신 간 건강을 위해 기도합니다.

도덕적 인간?

오늘 아침 걷기 운동을 하면서 세바시(세상을 바꾸는 시간, 15분) 강연을 듣는데 강사가 충고에 관한 이야기를 하면서 그리스 철학자 아리스토텔레스(BC 384~322)의 말을 인용합니다. "도덕적 인간이란 적절한 감정을 적절한 때에 적절하게 전달하는 사람이다." 2400년 전에도 억제되지 않은 감정을 때에 못 맞춰 내키는 대로 전달하여 사달이 나는 일은 있었나 봅니다.

그러고 보면 사람이 사는 사이에 감정을 잘 교감하면서 사는 일은 아득한 과거이든 먼 미래이든 있게 마련입니다. 결국 멀리 볼 것이 아니라 '오늘-지금-여기'에서 잘하면 과거의 관계도 잘 풀고 미래를 위한 관계도 원만하게 갈무리할 수 있는 일인 것이지요. 그런데 '잘'이란 기준을 터득하는 데는 많은 수양(修養)과 사유(思惟), 그리고 경험(經驗)이 필요합니다.

원불교에서는 '광대하고 원만한 종교의 신자가 되자.'라고 당부합니다. 원불교의 가르침이 광대하고 원만한 종교를 지향한다고도 하겠지만, 원불교 신앙인을 비롯하여 종교를 신앙하는 모든 사람은 광대하고 원만하게 살아야 한다는 뜻도 담겨

있다고 봐야 할 것 같습니다.

광대(廣大)하다는 것은 울타리가 없고 일체의 차별이 없는 경우를 말하지요. 그런 상태에서 서로 교류하고 교감하는 사이에서는 원만(圓滿)하게, 즉 넘치지도 않고 모자라지도 않게 하라는 것입니다. 아리스토텔레스가 말한 '잘'은 바로 이런 경우를 말할 것입니다.

살아가면서 희로애락애오욕(喜怒哀樂愛惡慾)의 감정이 일어나게 마련이지요. 그런데 일어나는 그 감정을 보아야 하고 그 감정이 일어난 마음 바탕을 알아야 합니다.

그래야 때를 잘 보고 알고 보면서 조절을 '잘'하게 됩니다. 이것이 바로 죄복(罪福)의 이치를 알아서 내게 오는 죄복을 내 임의로 하는 능력이겠지요.

잘 알지 못하고 잘 보지 못하면 자기 습관과 업력의 방식대로 분별심을 일으켜 그렇게 일어난 분별심에 집착하여 응대(應對)하니 적절한 때도 안 보여 숨도 못 고르고 당장 쏟아내어 좋지 않은 업보를 짓고 맙니다.

잘 알고 잘 보고 하는 마음이나 잘 모르고 잘 못 보는 마음이나 다 내게서 일어난 마음입니다. 그래서 일체유심조(一切唯心造), 일체가 마음이 짓는 바라고 하는 것입니다.

그런데 마음공부 하는 사람은 충고를 대하는 자세가 달라야 할 것 같습니다. 원불교 2대 종법사이신 정산 종사께서 말씀하시기를 "충고(忠告)를 감수(甘受)할 경지만 되면 그 사람의 마음공부는 일취월장(日就月將)한다."라고 하셨습니다.

오늘도 만나는 인연들에게 적절한 감정을 적절한 때에 적절하게 전달하여 원만한 사이로 살아가는 사이가 되시기를 기도합니다.

"딸아, 요즘엔 무슨 공부하니?"

어떤 사람이 한 생을 살고 가신 뒤, 그분이 어떤 인덕으로 사셨는지는 가까이에 살던 사람들의 말을 들으면 알 수 있다고 하지요. "참 아까운 분이 너무 일찍 가셨다." "그 사람 너무 오래 살았다." 자기가 살아온 형편이 어떠했든 앞의 말을 듣고 싶어 하지 뒤의 말을 듣고 싶은 사람은 없을 것입니다. 그런데 그것이 억지로 꿰맞춰 이루어지는 것은 아니지요.

제가 몸담은 원불교에 불법(佛法) 수행과 생활을 아울러 고매(高邁)한 인품을 지니셨던 어른이 열반하셨습니다. 감산(鑑山) 고문기(高文起) 원정사(圓正師)님! 내일이면 열반 후 49일을 맞아 종재를 올려드립니다.

원불교에서는 사람이 생을 마치면 몸은 명(命)을 다해 흩어지지만, 영혼은 그분이 생시에 닦은 지혜와 지었던 공덕에 따라 새로운 인연을 찾아 태어난다고 합니다. 가셨다가 다시 오는 그 기간에 영가가 미진(微塵)한 착심마저도 다 놓고 이룬 청성한 마음을 따라오시도록 천도(薦度)의 예를 49일간 올립니다. 이를 '천도재(薦度齋)'라 합니다.

그런데 생시에 닦으신 지혜가 밝고 공덕이 컸던 영가는 49일이 오기 전에 인연을 찾아갈 수 있다고 법문을 하셨습니다. 원불교에서는 재가 교도로서 가장 책임 있는 자리를 맡기도 하셨지만, 그분이 살아오신 생애에 존경심을 갖지 않는 이가 없습니다. 원불교에 입문한 이후로 일생 마음공부에 흐트러짐이 없으시고 불사(佛事)를 크게 이루셨지만, 흔적을 남기지 않으셨지요. 정재(淨財)로 수많은 젊은이에게 장학금을 주시자, 수혜(受惠) 가족들이 모여 보답의 예를 올리려 했지만 끝내 사양하시고 그 자리에 모습을 보이지 않으셨습니다.

교적(敎籍)을 두셨던 정릉교당 교도님들의 추모사를 들을 때마다 마음이 깊고 너른 파장이 일어나곤 했습니다.

제가 봉직하는 강남교당에 조부모님, 부모님 제사를 봉행하러 노구를 이끌고 어려운 걸음을 하셨을 때, 하얗게 웃으시곤 했는데 눈앞에 한 모습으로 겹쳐지곤 했습니다. 가까이 모시고 지내던 가족이나 교도님들이 알고 있던 어른의 인품을 저는 가늠할 수 없겠지요.

지난번 재(齋)에는 고인의 딸이 영전에 고사(告辭)를 올리더군요. 어느 날에 집에 들어서는 딸에게 “딸아, 요즘엔 무슨 공부 하니?” 하고 물으셨답니다.

눈웃음을 지으며 다가앉은 딸에게 “나는 요즈음 내게 원망의 마음을 가진 사람이 혹여 있는지, 주위 인연들을 하나씩 떠올려 보고 있는 중이다. 혹시라도 남아 있으면 빚을 갚고 풀고 가야 하는데 말이야…….” 하셨다지요.

그 말씀에 참 숙연해지더군요. 대종사께서 지각이 열린 사람은 죽는 일도 크게 안다고 하셨지요. 죽어갈 때 바쁜 걸음 치지 않으려면 나이 40부터 보따리를 챙기라고 하셨는데 구순(九旬)에도 보따리를 챙기셨으니 어른께서는 생시에 당신 천도의 길을 닦으신 것 같습니다.

감산 원정사님은 생의 마지막 원력을 어떻게 세우셨을까? 대종경을 천도품 법문을 봉독하다가 17장 법문에 제 마음이 머물렀습니다.

대종사 말씀하시기를 “사람이 평생에 비록 많은 전곡(田穀)을 벌어 놓았다 하더라도 죽을 때에는 하나도 가져가지 못하나니, 하나도 가져가지 못하는 것을 어찌 영원한 내 것이라 하리오. 영원히 나의 소유를 만들기로 하면, 생전에 어느 방면으로든지 남을 위하여 노력과 보시(布施)를 많이 하되 상(相)에 주(住)함이 없는 보시로써 무루(無漏)의 복덕(福德)을 쌓아야 할 것이요, 참으로 영원한 나의 소유는 정법(正法)에 대한 서원(誓願)과 그것을 수행한 마음의 힘이니, 서원과 마음공부에 끊임없는 공을 쌓아야 한없는 세상에 혜복의 주인공이 되나니라.”

감산 원정사께서는 가수 서유석이 부른 ‘가는 세월’이란 노래를 좋아하셨다고 합니다. 당신의 평상시의 마음을 담아 부르셨을 노래일 것 같습니다.

가는 세월 그 누구가 잡을 수가 있나요.
흘러가는 시냇물을 막을 수가 있나요.
아가들이 자라나서 어른이 되듯이
슬픔과 행복 속에 우리도 변했구료.
하지만 이것만은 변할 수 없어요.
새들이 저 하늘을 날아서 가듯이
달이 가고 해가 가고 산천초목 다 바뀌어도
이 내 몸이 흙이 돼도 내 마음은 영원하리.

감산 원정사님!

숙겁(宿劫)의 서원(誓願)을 이룰 선연(善緣) 가정에 인연이 되시어 돌아오는 생애에도 소태산 대종사께서 만 중생 누구 하나 빠짐없이 불지(佛地)에 진급할 수 있도록 여신 이 회상에 오시어 성불제중(成佛濟衆)의 대원(大願) 이루시옵소서.

상계동 어르신이오

아저씨 한 분이 오토바이에 싣고 온 오렌지 한 상자를 교당 1층 당무실(堂務室)에 내려놓으시며 인사를 합니다.

"상계동 어르신이오. 아시지요?"

"네, 감사합니다. 더우신데 갖고 오시느라 수고하셨습니다."

상계동으로 전화를 드립니다.

"요즈음 코로나 때문에 밖에도 못 나가시죠. 얼마나 답답하세요. 보내주신 오렌지 받았습니다. 잘 먹겠습니다. 감사합니다."

"아이고 뭘요, 제가 날마다 먹는데 그것만큼 좋은 약이 없더라고요. 약소하지만 맛있게 드세요. 교무님들께서 건강하셔야지요."

귤이 나는 철에는 귤을, 때로는 천혜향이나 한라봉을 보내시기도 합니다. 그렇게 매달 잊지 않고 비타민C가 가득한 과일을 보내주시는 어른이 계십니다. 저희는 과일만 받은 게 아니라 정성이 담긴 따뜻한 마음마저 받지요.

당무실 책상 위에 오렌지를 꺼내놓고 하나 까서 먹고 있는데, 택배 아저씨가 들어왔습니다. 때 이르게 더운 날씨여서 목에 두른 수건으로 이마의 땀을 훔칩니다. "아저씨 오렌지 하나

드시지요. 고마우신 상계동 어른께서 보내주셨네요." 택배 아저씨는 고맙다고 인사하며 트럭으로 달려갑니다.

원불교 2대 종법사이신 정산 종사께 한 제자가 ○○교당 교무 부임장을 받고 인사 와서 "저는 실력이 없어서 교화를 어떻게 해야 할지 걱정입니다." 하니 자비로운 웃음을 지으시며 "정성(精誠)이 실력이다." 하셨답니다.

모든 일을 최후까지 성공시키는 것은 '정성의 힘'이라고 하지요. 일만 그런 것이 아닙니다. 선업(善業)과 복(福)을 짓는 일도 정성이 있어야 하고, 습관을 고치는 일이나 마음의 힘을 쌓는 일에도 정성이 필요합니다. 정성이란 한두 번 해보고 기대하는 대로 이뤄지지 않는다며 주저앉는 게 아니라, 하고 또 하는 것을 말하지요.

오늘도 정성을 담아 보내주신 과일 덕분에 좋은 기운이 일어나고 있습니다. 상계동 어르신의 건강과 행복을 염원하며 기도를 올립니다.

그럼 그렇지!

코로나19로 인해 겪는 어려움이 누구나 겪는 새로운 일이어서 어느 게 맞는 것인지 가늠할 수 없습니다. 제가 봉직하는 원불교 강남교당도 2월부터 법회에 새로운 시도를 하여 지금까지 유지하고 있습니다.

교당에 오셔서 법회에 임하는 교도님들은 교당에서 함께 하지만, 코로나19로 인한 여러 사정으로 교당에 오시지 못하는 교도님들을 위해 법회를 유튜브로 실시간 중계를 하고 있습니다. 법회 1시간 전부터 나와 방송 송출을 준비하는 네 분 도반님이 있기에 가능한 일입니다. 모두가 이런 배려에 감사한 마음을 갖고 있지요.

오늘도 법회 식순에 짧은 시간 동안 선(禪)을 하는 '입정(入定)'이 있었습니다, 그런데 그 시간 중에 방송실에서 대화하는 소리가 들렸습니다. 법회를 마치고 전달하면 되겠기에 그리 끌려가는 마음을 추슬렀습니다.

법회를 마치고 방송실에 올라가서 "오늘도 수고하셨습니다. 고맙습니다. 그런데 입정 시간에는 조용히 하면 좋을 것 같아요.” 말했더니 미안한 표정을 지으며 “죄송합니다.” 하시더군요. 위층으로 올라와 법복(法服)을 벗고 유튜브 실시간 대화창을 열어보았습니다.

그제야 제가 말실수한 것을 알아차렸습니다. 참 미안하여 문자로 그 마음을 전했습니다.

오늘 법회 실시간 송출 중에 시스템에 에러가 발생한 것입니다. 소리가 안 들린다고 여러분이 댓글을 올린 것입니다. 방송팀의 마음이 급해졌겠지요. 다행히 말하는 것이 송출되지 않는 ‘입정’ 순서가 있어서 그 시간 내에 신속히 복구하려니 대화하면서 할 수밖에 없었던 것입니다.

마음은 급하고 원하는 대로 빨리 잡히지는 않고 이분들도 얼마나 당황했을까요. 진땀나는 노력을 한 결과, 설교 시간 전에 복구가 되었던 것입니다.

다시금 어제 그 시간에 잠깐 멈추지 않고 말을 전한 저를 반성합니다. 감사 인사말 뒤에 “입정 시간에 대화하는 소리가 들리던데 부득이한 사정이 있었나 보죠?” 해야 했겠지요. 그럼 그 사유를 들었을 것이고 그다음에 “그럼 그렇죠.” 하면서 다시 인사말을 했을 것입니다.

“그럼 그렇죠.” 하는 말에는 말하기 전이나 말한 후나 여전히 그분들의 인격을 존중하는 마음이 담겨 있는 것이지요. 이분들은 이 사회에서 상당한 전문직을 가진 분들입니다. 그런데 오롯이 법회에 임할 수 있는 그 자리를 양보하고 자청하여 방송실에서 봉사하고 있는 도반님들입니다.

물질문명의 덕으로 집에 앉아서 법회 실황을 함께할 수 있어 다행한 일이지요. 하지만 이렇듯 좋은 장비가 있어도 선용(善用)하는 사람이 없으면 혜택을 보지 못합니다. 그 혜택은 신(神)도 아니고 부처님도 아니고 이분들이 실행하는 자리이타(自利利他)의 은덕입니다.

일상의 다른 일에서도, 나타난 현상만 보고 단정하여 불쑥 말하는 일이 있는지 돌아봅니다. 그럴 때 "무슨 이유가 있겠지." 하고 멈추어 생각해보고 전하는 마음이 필요하겠지요. 다시 한번 방송실 도반님들께 깊이 감사드립니다.

그리고 다른 곳에서 자리이타로 봉공(奉公)하는 분들께도 같은 마음을 전합니다. 이렇게 귀한 분들이 있어서 강남교당 법도량은 은혜로 가득합니다.

더 할 말 없어요?

책을 출간하는 일에 대해 자문하려고 책 만드는 일을 주로 하는 후배 교무에게 전화했습니다. 안부 인사를 간단히 한 후, 제 용건을 말하자 두 생각 할 것 없이 금세 명쾌한 답을 줍니다. 이내 잘 지내라고 인사하며 통화를 마치려는데 대뜸 헛웃음을 지으며 묻습니다.

"그것 말고 더 할 말 없어요?"

"무슨 말? 할 말 다 했는데."

"형, 그것 알아요? 나쁜 버릇 있는 것?"

"뭔데?"

"용건만 말하고 전화 뚝 끊는 것."

"그런가. 미안하네, 유념할게."

"유념한다는 그 말도 처음 하는 것은 아닌 것 같은데?"

휴대전화를 내려놓으며 돌이켜 생각하니 제게 그런 버릇이 있었습니다. 다른 후배에게도 그런 이야기를 들었거든요. 물론 사안에 따라 길게 통화하는 때도 있지요. 하지만 멈추어 생각해보니 통화를 먼저 한 것은 저이지만 전화를 한 김에 저쪽에서도 용건이 있을 법한데 내가 용건을 만들어서 물었으니 물은 것에 대한 답을 들으면 그것으로 끝이라는 생각이 지배적이어서 그런 것 같습니다. 통화(通話)란 말이 통한다는 뜻일진대 결국 쌍방 통화가 전제될 것입니다. 그런데 일방통화에 스스로 익숙해진 것입니다.

문득 A/S를 받기 위해 통화를 하거나 방문을 하면 안내나 서비스를 받은 뒤에 꼭 들었던 말이 있네요. “고객님 더 궁금한 사항은 있습니까?” 그게 서비스 정신이었던 것입니다. 통화를 마치기 전 잠깐 멈추어 “혹시 더 하시거나 제게 물으실 말 있으신가요?” 물어야겠습니다. 그래야 일방이 아닌 쌍방이 되는 것이겠죠. 제 직분상 참 좋게 길들여야 할 습관입니다.

저와 통화하시는 분은 제가 아직도 쌍방으로 가지 못하거든 거울이 되어 비춰 주시기 바랍니다. 제가 자연스럽게 익숙해지기까지 수차례 유념하겠습니다. 말도 중요하지만, 그보다 앞서 일방이 아닌 쌍방으로 가려는 마음이 중요한 것 같습니다.

“그것 말고 더 할 말 없어요?”

저의 그릇된 일상을 일깨우는 법문(法門)이었습니다.

그것도 수명이 있나요

일요일 오후, 노트북 컴퓨터를 쓰다가 무선 인터넷을 접속하려는데 연결이 안 되었습니다. 여러 기기를 와이파이 공유기에 연결해서 쓰고 있기에 데스크톱 컴퓨터, 휴대전화, 인터넷 전화를 체크해보니 마찬가지였습니다.

마침 관련 업종에서 일하는 교도님이 교당에 계셔서 부탁했습니다. 연결을 마친 교도님이 "교감님, 아무래도 공유기가 수명이 다한 것 같습니다. 바꿔야 할 것 같네요."라고 말씀하셨습니다. "저게 그렇게 수명이 짧은가요?" "그럼요. 공유기도 소모품인데요. 수명이 있지요." 교도님은 사용 빈도가 적은 다른 층의 공유기로 맞교환해서 설치하고 가셨습니다.

'공유(公有)'란 함께 쓰는 것을 말하지요. 이것은 개인이 전용으로 쓰는 사유(私有)와 반대의 뜻으로 쓰고 있습니다. 요즘은 '공유경제' 사업으로 공유자전거, 공유오피스, 공유주방, 공유주택, 공유자동차 등 다양한 형태의 업종이 생겨나고 있습니다.

그런데 우리가 늘 쓰고 있는 거라 모르고 지내서 그렇지 무료로 이용하는 도로나 공원, 공중화장실도 공유이지요. 더 확

장해서 보면 태양, 달, 공기, 비, 눈을 비롯해 산천초목도 공유지요. 사실은 대중교통이나 극장이니 식당, 고속도로 등도 소유권은 내게 없지만, 사용 요금을 내고 사용할 수 있다면 적어도 사용하는 동안에는 내 것과 마찬가지이니 이것 역시 크게 보면 공유인 셈입니다. 한 생각 차이이지요.

우리의 삶이 나의 것을 '공유'하고 살면 그것이 복을 짓는 일이고 그로 인해 마음은 한껏 풍요로워집니다. 그것은 현금이나 현물로도 할 수 있고, 몸으로도 할 수 있습니다. 나의 현금도 공유로 내놓고 내 물건도 함께 사용하자고 내놓고, 내 몸도 다른 이의 편리와 행복을 위해 일부러 시간을 내어 봉사하며 살아가는 것입니다.

제가 봉직하는 강남교당 교도들도 교당 안은 물론 교낭 밖에서도 여러 분야에서 봉사를 통해 '공유(公有)'의 삶을 살아가는 분들이 많습니다. 이분들은 한결같이 원불교의 '무아봉공(無我奉公)'이라는 가르침을 실행하는 것입니다. 무아(無我)는

'나' 또는 '내 것'이라는 울타리가 없는 마음을 말합니다. 그 마음으로 대가를 바라지 않고 내 것, 내 몸을 내놓고 살아가는 삶을 봉공(奉公)이라 합니다.

그런데 그렇게 공유하는 것도 시간이 지나면서 내 마음 따라 처음 생각보다 수명이 짧아지는 것도 있고 더 길어지는 것도 있습니다. 무아의 마음이 한결같이 여여자연(如如自然)한지 여부에 따라 달라지는 것이겠지요. 내가 원하여 내놓은 공유(公有)는 가능하면 하나라도 수명이 긴 공유가 되도록 나의 심신(心身)을 원만하게 사용하면 좋겠습니다.

내 그럴 줄 알았더라면

지인이 오랜만에 소식을 전해왔습니다.

항상 건강하실 줄 알았던 노모님이 병원에 입원했는데 면회도 잘 안 되어 답답하다면서 끝에 "내 그럴 줄 알았더라면……."이라는 말을 덧붙입니다. "진즉부터 좀 더 찾아뵐걸. 뭐가 그리 중요한 일이 많았다고. 그게 이보다 더 귀한 일이었나." 하는 회한도 담겨 있었습니다.

연초부터 무거운 말을 던지네요. 한 해를 시작하면서 많은 계획을 세우셨겠지요. 하나하나 다 기대되고 꼭 성취하고 싶은 일이지요. 내가 계획하고 남은 나머지 일들은 특별히 마음을 쓰지 않아도 각자 잘 알아서 해주니 괘념치 않아도 된다는 생각이 있지요. 그렇게 무난하게 시간이 흘러가면 좋은데, 혹 날 기다려주지 않고 벌어지는 일이 있습니다. 그것은 나의 계획에서 중요한 부분으로 자리 잡고 있지 않았지요. 미리 마음을 챙겨봤어야 하는 일입니다.

잠시 멈추어 생각해보면 시간이 가기 전에 더 챙겨서 만나야 할 사람이 있고, 잊지 않고 은혜를 갚아야 할 인연이 있으며, 다잡아서 담아두어야 할 일도 있습니다.

살면서 사람이 되었든 일이 되었든 '우선순위'를 두지요. 그런데 지혜 있는 사람이 정하는 우선순위와 그렇지 않은 사람의 우선순위는 달라 보입니다.

원불교 2대 종법사이신 정산 종사께서 법문하셨습니다. "모든 일에 본말(本末)과 선후(先後)를 찾아 미리 준비해야 한다. 눈앞의 이해에 얽매이지 말고, 영원한 장래를 놓고 보아 근본이 되는 일에 힘을 쓰라. 범상한 사람들이 일생을 산다 하나, 결국 육신 하나 돌보는 데 그치고, 근본이 되는 정신을 돌볼 줄 모르니, 어찌 답답하지 않겠는가."

"장기와 바둑에만 수가 있는 것이 아니라 세상만사에도 수가 있다. 보통 사람은 눈앞의 한 수밖에 보지 못하고, 성인은 몇 십 수, 몇 백 수 앞을 능히 보신다. 그래서 보통 사람은 항상 목전(目前)의 이익과 금생(今生)의 안락(安樂)만을 위하여 무수한 죄고를 쌓지만, 성인은 항시 영원한 혜복(惠福)을 위하여 현재의 작은 복락을 희생하고라도 안빈낙도(安貧樂道)하시면서 마음공부와 공도(公道) 사업에 계속 노력한다."

우리가 한 해는 물론 일생을 성인처럼 살 수는 없다 하지만, 생을 돌아보며 관조하는 때가 오면 이런 마음을 한 번쯤은 챙겨보게 됩니다. 긴 호흡으로 "내 그럴 줄 알았더라면……." 하는 마음을 올해의 계획에 담아 본다면 내가 하는 말과 마음과 육신의 활동이 조금은 더 사려가 깊어질 것 같습니다.

그러면 하루하루 한 일 한 일이 보보일체대성경(步步一切大聖經)이 되겠지요. 아직은 중생의 심법에 처했다고 하는 나일지라도 말입니다.

잎신에 며칠 전 내린 폭설 위로 또 눈이 내리고 있네요. 저 눈도 머지않아 볕이 나면 녹겠지요. 내 마음에 켜켜이 쌓여 있는 눈도 녹일 수 있는 마음이 내게 본래 있습니다.

그 믿음이 있으니 오늘도 한 생각 돌이키어 다시 마음공부를 하는 것이지요. 올 한 해 아직 보름이 채 지나지 않았는데, 지인 덕분에 이런 마음을 알아차리게 되어 참 다행입니다.

강추위에 건강 잘 챙기시기 바랍니다.

녹지 않은 눈

아침 일찍 운동하느라 걷다가 교당으로 돌아오는 길에 보니 한쪽에 녹지 않은 눈이 보였습니다. 겨울의 마지막 절기인 대설이 지나고 비가 오더니 영상의 기온을 회복하였지만, 저 눈은 녹지 않은 것입니다. 아마 내렸던 눈을 한쪽으로 쓸어 올리면서 두텁게 쌓아 올려서 그렇기도 할 것이고 그 자리가 볕이 오래 들지 않는 음지(陰地)여서 더 그랬을 것입니다.

수년, 수십 년 전에 비하면 세상이 참 밝습니다. 그것은 과학이 발달하고 법리 세상을 투명하게 만들어서만은 아닐 것입니다. 그렇게 밝은 세상이라 해도 아직 저렇게 녹지 않은 눈과 같은 것들이 있습니다.

굳이 눈을 밖으로만 돌릴 필요가 없습니다. 눈을 돌려 안으로 나를 보아도 그렇습니다. 세월을 그렇게 지냈고 긴 세월 내 마음을 밝히는 지혜의 말씀을 들어왔고, 이루 셀 수없이 많은 은혜를 살아오고 있건만, 나의 주견과 나의 미망(迷妄)에 사로잡혀 저 눈과 같이 녹지 않은 마음과 업들이 있습니다. 마음이 밝으면 그게 보이고 마음의 힘이 있으면 스스로 그것을 걷어내려 하는데, 그것이 그렇게 되지 않습니다.

직분상 수행을 하고 불공을 업 삼아서 하는 제게도 이 대명천지에 여기저기 저렇게 녹지 않은 눈이 있습니다. 그것을 녹이려고 정신수양을 하고 경전이나 사리연구를 통해 지혜를 밝히고 계문을 지키고 선업을 지어가면서 그리고 참회를 하면서 그 눈을 녹여내고 있지요.

한겨울에 새벽에 좌선을 마치면 살을 에는 찬바람을 피해 따뜻한 방으로 가서 몸을 누이는 습관이 한때 있었습니다. 수행하는 사람으로서는 안 좋은 습관이지요. 마치 저렇게 녹지 않는 눈과 같습니다. 이제는 적어도 추운 날씨를 핑계로 걷기 운동 나가는 것을 꺼리는 눈은 녹았습니다. 살펴보면 비단 이런 일만 있는 것은 아니겠지요.

내가 말하는 것, 몸을 부려 심신작용을 하는 것, 남이 보나 남이 보지 않으나 내 마음을 쓰는 것 안에도 저렇게 녹지 않은 눈이 있습니다. 그 눈을 스스로 녹이는 것이 수행하고 마음공부 하는 사람의 본분일 것입니다. 그 공부에는 남녀노소 선악귀천이 따로 없습니다. 누가 대신해줄 수도 없습니다.

한 번 살펴보세요. 어디 눈 안 녹은 데 있나요? 그럼 녹이셔야죠. 언제요? 지금이요.

그래, 그 마음이 소중하지

지난 일요일, 교당 카페로 올라가는 길에서 만난 한 어린이가 합장하고 인사를 합니다.

"응, 반갑네. 이제 몇 학년 올라가지?"

"저 이제 10대 되었어요."

"응 그렇구나. 축하해."

머리를 쓰다듬어 주고 가면서 밝게 웃었습니다. 아이는 한 자리 나이를 벗어나 10대가 되기를 많이 기다렸나 봅니다. 한 살 더 먹는 것인데 스스로 생각해도 그게 너무 달라 보이나 보죠. 이제 시작한 10대 내내 법신불 사은님 은혜 속에 몸도 마음도 잘 커나가게 해주시라고 기도합니다.

엊그제는 도반님 네 분이 함께 올린 200일 기도를 마치고 회향했습니다. 보람이 참 컸을 것입니다. 누가 시켜서 한 일이 아니고 한마음이 일어나 시작한 기도를 그 시간에 하루도 빼지 않고 해왔으니 기도로 적공(積功)하신 것입니다.

오래도록 간직하고 싶을 만큼 뿌듯하시겠죠. 기도 올린 200일 그 하루하루 마음이 소중합니다.

TV에서 자동차 광고를 보았습니다. 아이를 태우고 가는 차 안에서 아빠가 아이를 부릅니다.

"현우야!"

"응."

"너 이다음에 어떤 사람 되고 싶어?"

아이의 답을 기다리는 잠깐 사이, "아빠는 네가…." 하며 아빠의 생각이 우주비행사, 의사, 골프선수로 겹칩니다. 마침내 아이가 대답합니다.

"착한 사람!"

아빠가 정지선을 지나친 차를 후진하며 독백합니다.

"그렇지. 착한 사람 되는 게 먼저지."

어린이의 마음은 꾸밈도 없고 분별도 없어 '하늘 마음'이라고 하지요. 그 마음은 아이에게나 어른에게나 노인에게나 본래다 있습니다. 우선순위에서 뒤로 밀쳐 놓은 습관과 업력 때문에 그리된 것일 뿐입니다.

그 마음이 소중합니다.

그게 왜 그리 갔을까?

젊은 시절 근무했던 교당에서 인연이 된 할머니 교도님과 영상으로 통화할 일이 있었습니다. 딸이 지금 제가 근무하는 교당의 교도인데, 주중에 교당에 왔기에 어머니 안부를 물으니 연결해 주었습니다. 94세이시라고 하니 70세쯤에 저와 만나 3년간 지낸 어른이십니다.

"순타원님, 많이 야위시었네요. 편찮은 데 없으세요?"

"늙은이가 그렇지요. 그런데 교무님은 왜 뚱뚱해졌네."

"그래요? 순타원님 빠진 살이 저한테 다 왔나 봐요."

"그게 왜 그리(그쪽으로) 갔을까? 좋은 게 가야지. 그런데 늙은이가 뭐 좋은 걸 보낼 게 있어야지. 그래도 그것이 그리 가면 안 되는데."

그렇게 한바탕 웃으면서 한참 통화하다 나중에 가서 뵙겠다고 인사하고 통화를 마쳤습니다.좋은 인연이란 크든 작든 복이 될 것이라면 뭐라도 덜어주고 싶은 인연일 것입니다. 안 좋은 인연은 "벌 받아라." 하는 사이겠지요. 제 주위에는 다행히 복을 나누려는 인연들이 많습니다.

내년 대통령선거를 앞두고 출마한 정치인들이 많습니다. 정치적 이익과 향배에 따라 정치인들이 이합집산(離合集散)하고 그렇게 무리 지어 쉼 없이 깎아내리기를 합니다. 자칫 방심하다가 관심이 그리 끌리면 온갖 번뇌 거리가 치성해지기에 십상인 시절입니다. 무수히 쏟아지는 발들을 저울에 달아보면 칭찬하는 말보다 비방하는 말이 훨씬 무거울 것입니다. 거기에 내 마음마저 덤으로 얹힐 필요는 없겠지요.

원불교 소태산 대종사님께서 말씀하셨습니다.

"사람이 말 한 번 하고 글 한 줄 써도 남에게 희망과 안정을 주기도 하고, 낙망과 불안을 주기도 하나니, 그러므로 사람이 근본적으로 악해서만 죄를 짓는 것이 아니라, 죄 되고 복 되는 이치를 알지 못하여 자신도 모르는 가운데 죄를 짓는 수가 허다하나니라." [대종경 요훈품 36장]

죄와 복이 다른 데 있지 않지요. 모두 내가 심신(心身)을 작용한 것이 씨앗(因)이 되어 그 결과(果)로써 내게 온 것입니다. 가장 많이 짓는 업은 입으로 짓는 업이라고 했습니다. 과하게 먹으면 몸이 살찌지만, 구업(口業)을 많이 지으면 지고 다닐 짐이 무거워집니다. 그 짐이 눈에 안 보이니까 없는 줄 알고 하고 또 하지요. 돌아올 때는 쉴새 없이 오고 또 온다고 했습니다. 오늘 내가 한 말들이 복업(福業)인지 죄업(罪業)인지 성찰(省察)해봐야 할 것 같습니다.

그나저나 다음에 순타원님 뵈러 갈 때 "보기 좋네요. 나한테서 간 살은 허공으로 갔나 봐요." 하는 말을 듣도록 부지런히 더 걸어야 하겠습니다. 건강하게 지내시기를 기도합니다.

익숙해진다는 것

점심 공양 시간. 상에 고구마가 올라왔습니다. 따끈따끈한데 촉촉하지 않았습니다. 에어프라이라는 가전 기계로 구웠다고 하는군요. 이제는 고구마를 솥에 물을 넣고 끓여 쪄서만 먹는 게 아니고 이렇게 구워 먹는 세상이 되었습니다.

그런데 수증기로 찌지 않고 구울 수 있는 것도 사실은 고구마 안에 수분이 있어서 가능한 일입니다. 고구마를 쪘든 구웠든 익은 것은 마찬가지이지요.

그런데 익는 것은 고구마만 익는 게 아닙니다. 처음 만난 사람인데 처음 같지 않을 때 하는 말이 "어디서 봤나. 낯이 많이 익다."라고 하지요. 낯이 익다는 말은 몇 차례 만났던 익숙한 인상이란 뜻일까요? 코로나19로 인해 일상에서 익숙해지는 게 참 많은 것 같습니다. 마스크 쓰고 말하고, 손 잘 씻고, 떨어져 앉고, 자주 안 만나고, 서로 조심하고, 악수 대신 다른 방법으로 인사하고…….

익숙해지는 것은 말하는 것도 마찬가지입니다. 남 칭찬 잘하는 것, 남의 흉 잘 보는 것, 존대어 쓰는 것, 하대하는 말을 하는 것, 거칠게 말하는 것, 부드럽게 말하는 것, 꾸며서 말하는 것, 사실대로 말하는 것……. 말뿐인가요. 듣는 것, 보는 것, 글 쓰는 것, 행실도 마음도 그렇지요. 이렇게 익숙해진 버릇을 일러 '습관(習慣)'이라고 합니다.

그런데 습관은 원래부터 있었던 것이 아닙니다. 원래는 칭찬도 흉도, 존대도 하대도, 거친 것도 부드러운 것도, 꾸미는 것도 사실도 없었는데 익숙해진 대로 된 것입니다.

원불교 소태산 대종사께서 말씀하시기를 "사람의 성품이 정(靜)한즉 선(善)도 없고 악(惡)도 없으며, 동(動)한즉 능히 선하고 능히 악하나니라." 하셨습니다. '정(靜)하다' 하는 것은 두 가지 갈래로 나타나기 이전을 말합니다. '동(動)하다' 하는 것은 익숙해져서 나타나는 상태를 말합니다. 방향이 다를 뿐 익숙해지는 것은 나의 마음 작용에 따라 이뤄지는 것입니다.

코로나19가 언제 어디에서 내게 다가올지 두렵습니다. 그 마음이 끊이지 않으면 자신도 모르게 '두려움'에 익숙해질 수 있습니다. 물론 돌려 생각하면 조심하는 마음이 더 깊어진 것이라고 할 수 있겠지요.

잘못된 방향으로 '익숙해져 있는' 그것, 그 생각을 나로 알고 집착하는데 그것이 영원한 게 아닙니다. 집착하면 스스로 구속되는 것이고, 그것이 실체가 아니라는 것은 직시(直視)하고 직관(直觀)하여 그것, 그 마음을 놓으면 자유를 얻습니다. 지금 어떻게 익숙해져 있습니까?

할머니의 편지

원불교 교도로 70년 넘는 세월 동안 신앙 수행을 해오시다 97세로 생을 마친 할머니는 생전에 손녀와 편지를 많이 주고받았습니다. 중년의 손녀가 할머니의 천도재 종재식 영전에서 생시에 할머니께서 보내주셨던 편지를 읽었습니다.

사랑하는 내 손녀야. 보고 싶다. 요즘 많이 힘이 들지. 나는 너의 심정을 안다. 그러나 너는 잘 참고 이겨낼 것이라 믿는다. 이것이 인간의 길이고 중생의 길이란다. 즐거운 일이 있으면 또 어려운 일이 있는 것이다.

이럴 때는 잘 생각해서 내가 전생(前生)에 지었으니 잘 받으면 마음이 넉넉하고 취사가 잘 되는 것이다. 누구에게도 원망할 것이 아니다. 너는 똑똑하여 잘할 줄 안다.

항상 진리께 감사 기도해라. 1분이라도 손 모으고 기도 열심히 하여라. 너희들은 건강한 몸으로 태어났으니 감사한 마음으로 살아야 한다. 힘이 들 때는 나라는 존재를 바루 볼 줄 알아야 한다. 행과 불행은 내 마음속에 있는 것이다. 위를 쳐다보는 것이 아니고 내려다보는 것이다.

사람마다 행복하기를 바라지만, 내가 복을 작은 그릇만큼 지어놓고 높이 쳐다보면서 큰 그릇을 자치하려고 해도 진리께서 소소영령하여 자기가 지은 대로 주신다.

할머니도 옛날에는 그랬지. 너무 어리석었지. 진리께서 얼마나 갑갑하셨을까. 너의 아버지도 뜻대로 안 되지 않더냐. 이제는 원불교 다니면서 제가 지은 대로 받는 것을 알지.

사랑하는 내 손서(손주 사위) 보고 싶다. ○ 서방, 너의 내외 건강하고 그만하면 행복한 것이다. 더 바라지 말고 욕심내지 말고 항상 고마워하며 감사해라. 짜증 부리지 말고. 건강은 건강할 때 지키는 것이다. 때에 꼭 챙겨 먹어야 한다.

사랑하는 손녀야. 너는 내가 믿는다. 너는 내 말을 잘 듣고 내 효손녀지. 내 뜻을 알아줄 거라 믿는다. 내 원(願)이 무엇인지 알지. 너의 시아버님 병환 중이니 이해한다. 네가 좀 힘들어도 한 달에 두 번이라도 나와라. 나도 힘들어 모두 그러지. 효손녀가 할머니 실망시킨다고 하니 나도 걱정이다. 뿌리가 내리려고 하다 이리 되니 나도 걱정이다. 그러나 나는 너를 믿는다. 아직도 나는 업이 많이 남아있는 것 같다. 시월에는 두 번씩이라도 다니길 바란다.

손녀야, 네 생일이구나. 집에 와서 밥이라도 한 번 먹지, 안 온다니 섭섭하다. 올해는 시아버지 병원 간다고 해서 못 왔으나 후년에는 오너라. 내 생전에 와라. 할머니가 마음에 걸린다. 돈 얼마 되든 안 한다. 꼬리 사다가 국 끓여 놓고 밥 먹으면 편하지. 김치나 하고 먹어라. 축협에서 사라. 맛있더라. 이만 줄인다.

가을이라는 이름, 그리고 인연

가을입니다. 아직 낮에 반소매 셔츠를 입고 있지만, 팔에 스치는 찬 기운 섞인 바람과 따갑지 않은 햇볕으로 가을을 느낍니다. 여기에 가을벌레 소리가 조석으로 울고, 하늘은 푸르고 높습니다.

과일가게에는 벌써 가을철 과일이 놓이기 시작했습니다.

한문학자는 가을 추(秋)가 햇볕(火)에 꽤 고개 숙인 벼(禾)를 거두는 때라는 의미라고 합니다. 원래 갑골문을 보면 메뚜기를 그린 형상이 있는데 가을에 농작물에 피해를 주는 메뚜기를 잡기 위해 불(火)을 피운 모습이라고 말하기도 합니다.

가을이라는 이름 하나에 가을바람, 가을꽃, 가을하늘, 가을비, 가을 노래, 가을걷이, 가을 과일, 가을옷, 가을 신부 등 많은 인연이 달려 있습니다. 비단 계절뿐일까요. 사람 하나에도 참 많은 인연이 달려 있습니다. 부모로서 이름, 자녀로서 이름, 형제로서 이름, 친척으로서 이름, 직장이나 단체에서 상하 직책에 따른 이름 등.

원불교에 입문하면 법명(法名)을 받습니다. 교조(敎祖)이신 소태산 대종사께서 최초 아홉 제자에게 "이제 세계 공명(公名)인 새 이름을 주어 다시 살리는 바이니 삼가 받들어 가져서 많은 창생(蒼生)을 제도하라." 하신 때가 법명의 시작입니다. 나와 나의 가정에만 갇혀 살지 말고 밝은 마음으로 넓게 많은 이들을 위해 살라는 뜻에서 법명에 '세계 공명(公名)'이란 큰 뜻을 부여하셨지요. 이 법명으로 인하여 새로운 인연이 생깁니다. '교도(教徒)' 또는 '도반(道伴)'이라는 이름을 함께 가진 인연들입니다. 이웃 종교에서는 신자, 신도, 성도라고 부르더군요. 원불교에서는 그 인연을 가족을 '혈연(血緣)'이라고 하는 것에 대비해서 '법연(法緣)'이라고 하지요.

이렇게 한 사람에게 달린 숱한 이름 중에는 그저 불리는 이름이 있기도 하지만, 대부분 그 이름에 인연의 고리가 얽혀있고 또 거기에 책임이 더해집니다.

그와 여러 겹으로 인연이 된 사람들이 볼 때 그가 잘 살았다면 사랑하는 마음과 존경하는 마음을 담아 그 이름을 부릅니다. 드물지만 그렇지 않은 예도 있지요.

그런데 사람이 한 생을 살다 생을 마칠 때는 그 이름들도 그 인연들도 함께 거두어서 갑니다. 인연들이 그 이름을 불러보지만, 대답 없는 이름입니다. 대답 없는 이름일지라도 잘 살았으면 그의 사후에 그를 잊지 않고 여러 경로를 통해 그 이름을 후대(後代)에 전하지요. 단지 그의 이름만이 아니라, 그의 모습, 생애, 가르침 등을 담아서 기념(記念)하지요.

창밖에 가을비가 내리고 있네요. '가을'에 딸린 여러 이름을 되뇌면서 나에게 딸린 '이름'도 하나하나 살펴보았으면 좋겠습니다. 챙길 것은 챙기고 놓을 것은 놓고…….

진실로 소통하고 싶거든

우리가 살면서 마주하고 사는 사람과의 관계가 답답하고 풀리지 않을 때 하는 말이 있지요. 고집불통(固執不通)! 그런데 그 말은 나 아닌 상대 쪽으로만 향해 있습니다.

나는 괜찮은데 저 사람이 고집이 세서 생긴 문제라는 것이지요. 단단히 붙잡고 있어서 통하지 않는 것은 그 원인이 물건일 수도 있고, 사람일 수도 있지요. 그 중심에는 그렇게 하도록 하는 마음이 있습니다.

누군가와 소통이 되지 않아 답답할 때 멈추어서 보면 단단히 붙잡고 있는 그것이 있습니다. 그것은 상대에게만 있는 것이 아니라, 나에게도 있을 수 있지요. 절대 안 놓으려 하던 그것도 두 손 두 발에 힘이 다 빠질 즈음에 알아차리면 너무 늦습니다. 그때는 되돌리고 싶어도 돌릴 힘이 없지요. 이제라도 나의 허물을 알아차려서 사과하고 용서받고 싶어도 그 사람이 멀리 가고 없을 수도 있습니다.

능력이 출중하여 아무리 잘하는 사람이라 할지라도 너무 오래 붙들고 있으면 다른 사람이 잘할 수 있는 기회를 빼앗는 것일 수 있습니다.

내 밖으로만 향한 눈, 남을 향해서만 가리키는 손, 지금껏 포기하지 않은 그 생각을 내게 돌리며 천천히 힘주어 "고집불통!"이라고 말해보면 어떨까요? 아마 그때부터 내 안에 있던 분노의 불기운도 서서히 식고 두터운 얼음장 같던 마음도 녹고요. 무엇보다 스스로 구속하던 생각에서 벗어나 마음의 자유를 얻기 시작할 것입니다.

태어날 때는 누구나 통하는 마음으로 이 세상에 왔습니다. 살다 보니 어떤 연유로든 마음이 어두워져서 그런 것입니다. 진실로 소통하고 싶거든 내 앞에 막아 놓고 있던 그것만 거두면 혹 시간이 걸리더라도 원래처럼 통합니다.

이제 잘 통하시겠죠?

마음공부는 왜 하니?

원불교 교도 중 친한 사이에 대화하다 상대방이 별일도 아닌 것에 화를 내면 불쑥 내뱉는 말이 있습니다. "마음공부는 왜 하니?" 그럼 멈칫하지요. 그리고 대부분은 화를 내던 마음을 거둡니다.

마음공부는 왜 할까요?

일상에서 내 마음을 요란하게 할 수 있는 경계를 당해도 요란하지 않게 하려고 하고, 내 마음이 어두워져 어리석게 할 수 있는 경계를 당해도 어리석지 않게 하려고 하고, 내 마음을 그릇되게 쓰게 할 수 있는 경계를 당해도 악업(惡業)을 짓지 않고 선업(善業)을 지으려고 마음공부를 합니다.

원불교에는 교무들 못지않게 속 깊은 마음공부를 하는 재가 교도님들이 많습니다. 이것이 '원불교의 힘'이지요.

제가 잘 아는 교도님이 계십니다. 전주 모래네시장에서 큰 가게를 운영하셨지요. 아무리 바빠도 일요일에 있는 원불교 법회에 출석하는 일을 생명처럼 여기며 마음공부에 정성을 다하시는 분이었습니다.

어느 일요일 새벽, 가게에 큰불이 났습니다. 소방차 여러 대가 와서 불을 껐는데, 건물을 새로 지어야 할 정도로 타버렸습니다. 소식을 들은 가족, 친지, 원불교 교도들이 달려왔지요. 소방대원들이 잔불까지 잡고 돌아가자, 불탄 가게를 천천히 한 바퀴 돌아본 이 어른은 오전 10시에 있는 법회에 참석하러 교당으로 발길을 옮기더랍니다. 그 자리에 있던 분들이 "이 상황에 꼭 그렇게까지 해야 하겠소?" 하고 핀잔하니 "마음공부는 왜 하오. 이럴 때 쓰려고 하는 것이지." 하셨더랍니다.

사람이 살아가면서 나를 칭찬하면 기분이 참 좋지요. 반대로 누군가 나를 비판하거나 비난하면 마음이 요란해집니다. 못 들은 척, 못 본 척하고 지나가기가 쉽지 않죠. 그럴 때 "그래 내 허물이지." 하고 요란함 없이 넘어갈 정도 되면 수양력(修養力)이 쌓인 것이겠죠. 그런데 그것은 생각으로만 이뤄지는 게 아니고, 평시 정신수양을 꾸준히 해야 가능합니다.

안으로는 마음을 허공(虛空)처럼 청정(淸淨)하게 하고 밖으로는 철기둥[鐵柱]의 중심이 되고 돌벽[石壁]의 바깥 면(外面) 같이 되어 세찬 비바람에도 끄떡없을 정도로 수양력을 기르라고 하셨습니다. 마음을 비우면 마음이 밝아져 분별 집착하는 일이 적어지고, 그렇게 마음 중심을 바로 세우면 선업(善業)을 짓는 취사(取捨)도 잘 됩니다.

"마음공부는 왜 하니?" 하고 자문해봅니다.

나무가 제 잎을 떨어뜨리는 건
봄날에 힘을 내려고 쉬려는 거야—
그래서 빛나는 새순을 잃어 버리고
천천히 올라오는 가을 기다려 보나—

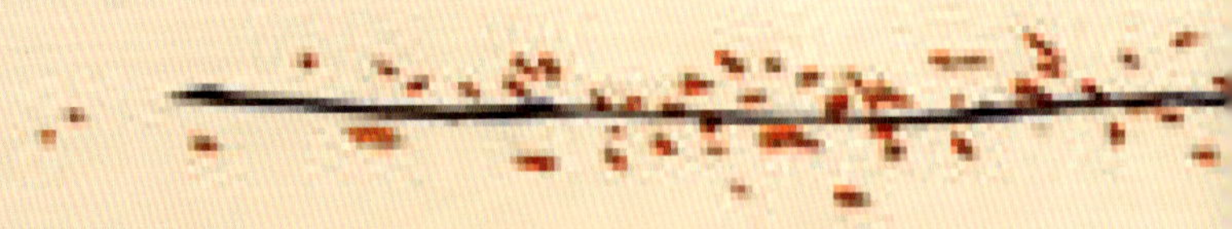

제3장 깨달음의 향기

한 인연을 보낼 때 갖는 마음

살다 보니 한 인연을 보내고 나면 한 인연을 만나고 그렇습니다. 보내는 것도 한생을 다 마쳐서 보내는 인연이 있는가 하면, 오랫동안 함께 지내다 때가 되어 가게 되니 부득이 보내는 인연이 있습니다.

엊그제 두 사람을 떠나보내는 일을 겪었습니다. 교도님 가족이 열반하여 문상과 독경을 하고 오느라 멀리 장수까지 다녀왔습니다. 입관을 마치고 식장으로 들어오는 유가족을 보니 가신 어른의 자녀는 물론 어린 손주들까지 슬피 우는 게 참 많이 사랑한 분이었구나 하는 것을 느꼈지요.

돌아가신 분이 어떤 사람인지 생시에 그를 보지 않았어도 알 수 있는 말이 있다고 합니다. 남아 있는 사람들이 "참 아까운 사람 갔다."고 하면 생시에 복덕(福德)을 잘 지은 사람이고, "그 사람 빨리 잘 갔다." 하면 그 반대로 알면 된다고 하지요. 아마 '참 아까운 분'이라는 말이 더 남아 있을 것이라 믿습니다.

저녁나절 교당에 돌아오니 10여 년간 교당 식당에서 대중식사 공양을 맡아서 일해 주셨던 인연이 떠나기 전 저와 마지막 식사를 하고 고향으로 돌아가겠다며 기다리고 있었습니다.

제가 작년 1월 이 교당에 부임했으니 저와 인연이 된 기간은 짧습니다. 저보다 앞서 9년여를 함께 지낸 분들은 섭섭한 마음, 고마운 마음이 더 깊을 것입니다. 그간 대중공양만 맡아주신 게 아니고 아침저녁으로 교당 교무들 공양까지 챙겨주셔서 고마운 분입니다.

살아서 시절 따라 보내야 하는 경우도 마찬가지 같습니다. 보내는 사람이 떠난 인연을 향해 갖는 마음이 한 티끌도 남음 없이 "고맙다." 하면 서로 잘 지낸 좋은 인연일 것이지만, 특별히 고마운 맘도 없다 하면 시종 잘 지낸 인연은 아닐 것입니다.

사람 삶이란 서로 공을 들이며 사는 일상의 연속입니다. 물론 처음부터 끝까지 같은 마음이면 더 좋겠지요. 이런 생각을 하다 보니 마음에 다가오는 법문이 있습니다. "형상(形像) 있는 데에 들이는 공을 형상 없는 마음에 반만이라도 들이면 훌륭한 공부가 될 것이며 형상 있는 것이 여기에 따르리라. 또는 사람과 상대할 때에 아주 마음이 시원하도록 이겨버린다면 그 뒤는 볼 것이 없으며, 복(福)을 지어도 상(相)을 내거나 당장에 그 대가를 받아버리면 그 뒤의 복이 남지 않나니, 그대들은 행(行)을 하되 여유 있는 행을 할 것이요 복을 짓되 음덕(陰德)을 많이 쌓으라." [원불교 정산종사 법어 원리편 28장]

함께 살던 사람 사이의 거래가 조금은 여지를 둔 거래가 되어야 서로 좋은 인연으로 기억될 것 같습니다. 오늘도 그 '여지'를 생각하며 제가 이생에 와서 만난 좋은 인연으로 기억하려 합니다. 그동안 감사했습니다. 제게서 한 분이 가셨으니 또 한 분이 오실 것입니다. 그분과도 좋은 인연이 되도록 하렵니다. 이 편지를 받으신 임께서도 올 한 해 좋은 인연 많이 맺으시기를 기도합니다.

흘러간 보따리

4월 들어 한동안 교당 지하에 보따리들이 하나둘 쌓이기 시작했습니다. '아름다운 나눔 장터'(바자)에 아낌없이 내놓은 의류 등이었죠. 저 많은 옷을 언제 정리하나 싶었는데, 도반님들이 2층 대각전 앞에 며칠을 마스크 쓰고 행거에 걸며 정리하더니, 마침내 지난 토요일 교당 앞에서 장을 열었습니다.

부담 없이 좋은 옷을 골라 가는 분들은 하나같이 만족스럽고 행복한 표정이었습니다.

어제까지 5일간 장을 열고 그래도 남은 의류 등은 몽골 어린이들에게도 보내고 다른 교당 바자에도 보냈으며 더 유익한 곳으로 보낼 곳도 정했다고 하는군요. 팔고 얻은 수익금은 여러 대중이 은덕을 입는 곳에 쓸 것이라고 합니다.

법정 스님께서 무소유란 아무것도 소유하지 않는 게 아니라, 내게 필요하지 않은 것은 가지려고 하지 않는 것이라고 하셨다지요. 보따리를 내놓으신 분들은 그런 마음들이었을 것입니다. 그래서 내보낸 보따리들에 착심을 두지 않을 것입니다. 그리고 둘 수도 없습니다. 이미 어디로 갔는지 알 수 없이 흘러

가고 없는 보따리거든요.

그런데요. 우리가 거두어서 내보내야 할 보따리는 옷만 있는 것이 아닙니다. 마음도 있고 감정도 있고 추억도 있지요.

굳이 소유하고 있지 않아도 될 마음, 굳이 안 일으켜도 될 감정, 굳이 되새기지 않아도 될 추억을 기어이 끄집어내지 않나요? 그렇게 놓지 못하는 마음, 감정, 추억은 보따리에 싸서 흘려보내야 합니다.

돌이켜보면 그간 흘려보낸 것도 많이 있는데 지금 붙들고 있는 이 마음, 감정, 추억은 왜 흘려보내지 못할까요. 붙들고 있으면 무겁고 짐이 되고 그런 줄 뻔히 아는데도 말입니다. 지금이냐 나중이냐의 차이일 뿐인데, 그것을 그대로 갖고 정리하지 못하면 그것이 업이 되고 습관이 되어 다음 생에도 내 영혼에 저장하여 갖고 갑니다. 해탈이란, 지금 보고 알아차렸으면 바로 놓는 것입니다. 공부가 깊으면 그게 일시에 되지만, 공부가 깊지 않으면 알아차릴 때마다 해야 합니다.

안 가져도 될 마음, 감정, 추억이 있다면 아낌없이 내놓으면 됩니다. 바다가 모든 물을 다 품어주듯, 허공은 모든 마음을 다 품어줍니다.

그렇게 무한대로 텅 빈 자리여서 '진리'라고 하는 것입니다. 그 '진리'가 여러 이름으로 불리고 있을 뿐입니다. 그래도 얼마나 다행인가요. 나 대신 품어주는 데가 있으니…….

그렇게 숲이 되었습니다

5월입니다. 회심당에서 내려다보이는 앞동산이 이제는 녹음이 가득합니다. 지난달 초만 해도 가지에 이파리가 별로 없어 산의 속살이 다 보였는데 자연의 힘이란 참 위대합니다.

자연(自然)이란 우주의 순리에 따라 스스로 그렇게 응하기에 자연이라 하나 봅니다. 나무 하나하나가 때를 따라 이파리를 돋우며 제 노릇만 다했을 뿐인데 그 하나하나가 모여 저렇게 숲이 이뤄져 보는 이의 마음을 선선하게 합니다.

사전에 보니 숲을 '나무들이 무성하게 우거지거나 꽉 들어찬 것'이라 했네요. 땅이 있어 산이 있고, 산이 있어 나무가 있고, 나무가 있어 숲이 된 것이지요. 여기에 태양이 비치는 하늘 아래 풍운우로상설(風雲雨露霜雪)이 상응하기에 저리 온전하게 숲이라 할 수 있는 것입니다.

숲이 그렇듯 세상에 저 혼자 힘으로만 이룬 일은 없습니다. 숲 사이로 난 길을 걸어 올라가보았습니다. 아이 손가락보다 가는 나무들도 있고, 어느 해 태풍에 쿵 하고 넘어졌는지 서서히 부스러져 다른 나무의 거름으로 또 그렇게 자연의 몫을 다하고 있는 나무도 있었습니다. 켜켜이 쌓인 낙엽도 기운을 돌려 이 산을 살리고 있는 중입니다.

제 눈에 띄지 않게 이제 막 싹이 트고 있는 것도 있을 것입니다. 빽빽한 잎에 가려 보이지 않는 산의 속살에는 겉에서 보지 못하는 모습이 있습니다. 이런 모습을 일러 '은현자재(隱現自在)'라고 하지요. 나타난 것(現)의 이면에는 숨어서 뒷받침하는 것(隱)이 있습니다. 둘은 서로 돕는 관계입니다. 그렇게 돕는 것이 돌고 돌면서 하는 것입니다.

생을 자만(自慢)하며 사는 사람은 드러난 것만 보고 이면을 보지 못합니다. 이면(裏面)을 보지 못하는 사람은 자기 혼자 다 했다고 하지요. 그러니 고마운 대상을 알지 못합니다. 그러니 보은할 생각조차 못 하는 것이지요.

이면을 알아차리는 사람은 삶을 겸허하게 삽니다. 모든 게 은혜를 입어서 이뤄진 것으로 알지요. 그러니 늘 보은하려고 합니다. 은혜를 발견하여 때와 곳을 가리지 않고 은혜를 갚는 사람은 진리를 알아서 진리적인 신앙을 하는 사람입니다.

한 큰일이 잘 이뤄졌으면 거기에는 각기 자기 몫을 다하며 알게 모르게 나를 도와준 인연이 있었기에 가능한 줄 알아야 합니다. 그것은 마치 저 숲을 큰 나무 한 그루 또는 큰 나무 몇 그루가 다 이룬 것이 아닌 줄 아는 것과 같습니다.

5월은 숲이 있어서 참 좋습니다.

그래서 감사할 일이 참 많은 것 같습니다. 행복한 5월 보내시기를 법신불 사은님께 기도합니다.

웃으면 복덕방

산책하러 가는 길에 만나는 간판이 있습니다.

멀찍이 떨어져 봐서 가게에 들어가 보지 않았지만 부동산 중개업소이지 싶습니다.

어릴 적 구봉서, 배삼룡 씨 등이 출연했던 '웃으면 복이 와요'란 코미디 프로그램이 있었습니다. 학교에 가서 두 사람의 흉내를 내는 아이들은 집에 TV가 있는 아이들이었고, 처음 듣는 말처럼 어리둥절해 하는 아이들은 TV가 없는 집 아이들이었죠. 이 아이들도 그냥 따라 하면서 깔깔거리고 웃고 지냈던 추억이 떠오릅니다.

웃으면 복이 오는 것일까요. 웃어야 복이 오는 것일까요. 이런 물음에 퉁명스럽게 답하는 분이 있습니다. "무슨 웃을 일이 있어야 웃지. 그래도 웃을 일이라도 있는 사람은 좋겠네." 그것은 마치 "내게 복이 와야 웃지, 무소건 웃는다고 복이 오느나?"고 반문하는 것과 같아 보입니다.

물론 지금 당장 지내는 형편이 웃을 사정이 안 되는 사람에게 억지로 웃으라는 것도 못 할 일이지요. 그런데 습관적으로

헤실헤실 웃는 게 아닌 다음에야 웃음이란 마음이 나타난 것입니다. 웃는데 꼭 가진 여건이 좋아야 웃는 것도 아니고 거기에는 구애가 없지요. “왜 웃어.” 하고 따지면 “웃는 것도 내 맘대로 못하냐.”고 대꾸하지요.

신문 칼럼에서 이런 내용을 본 적이 있습니다. “화내는 얼굴은 아는 얼굴이라도 낯설고 웃는 얼굴은 모르는 얼굴이라도 낯설지 않다. 찡그린 얼굴은 예쁜 얼굴이라도 보기 싫고 웃는 얼굴은 미운 얼굴이라도 예쁘다.”

사람은 ‘영혼과 기운과 몸’으로 되어 있다고 합니다. 영혼을 마음으로 바꾸어 생각해보면 ‘마음과 기운과 몸’으로 되어 있는 셈이지요. 셋 중에 어느 것이 먼저이어야 웃을까요? 그것은 순서가 없습니다. 셋은 셋이 아닌 하나이거든요. 웃으면 내 몸도 기운도 마음도 복덕방이 된답니다. 부동산중개소 말고요. 복덕(福德)이 가득한 방, 말입니다. 오늘도 복과 덕이 가득한 하루가 되시기를 기도합니다.

뇌는 성형수술이 안 되나?

강남 지역을 지나는 노선의 지하철을 타고 가다 보면 출입문 옆에 성형외과 광고가 부착되어 있습니다. 간혹 정차하는 역을 알리면서 성형외과 병원 안내 광고도 하지요. 광고를 보고 엉뚱한 생각을 해보았습니다.

"뇌는 성형수술이 안 되나?"

뇌가 성형수술이 된다면, 그것도 서민들도 감당할 정도의 비용으로 수술이 가능하다면 얼마나 좋을까요. 과거의 아픈 기억 때문에 괴로워서 못 살겠다고 하는 사람, 마음 쓰는 게 안 좋아 인간관계가 어려운 사람, 그래서 본인도 불편하고 함께 지내는 사람도 불편한 그 사람의 뇌를 필요하고 좋은 부분만 남기고 예쁘게 성형수술하여 온전하고 원만한 사람이 되게 할 수 있다면 참 좋겠지요.

그런데 그게 가능할까요?

아이들에게 마음이 어디에 있느냐고 물으면 크게 두 가지로 답하지요. '심장'과 '뇌'라고. 어른들도 "마음이 뇌에 있는 것 아닙니까?" 하고 반문을 합니다. 사람의 대뇌 가운데 있는 홈을 중심으로 좌뇌와 우뇌라고 하지요. 좌뇌와 우뇌는 항상 정보를 주고받는다고 합니다. 그리고 우반신으로 보내는 지령은 좌뇌가, 좌반신으로 보내는 지령은 우뇌가 담당한다고 합니다. 대뇌와 몸의 각 부분을 잇는 신경이 척수 부분에서 좌우로 교차하기 때문이라고 하지요.

좌뇌는 논리적인 사고에 관한 기능, 예를 들면 '말하다, 듣다, 읽다, 쓰다' 등의 언어처리와 시간관념, 계산 등을 담당한다고 합니다. 우뇌는 사물의 직감적 이해와 창조적 발상에 관한 기능, 예를 들면 사물의 모양을 식별하고, 그림을 그리고, 음악을 듣고(또는 연주), 방향이나 공간을 인식하는 것을 담당한다고 합니다.

그럼 그 외의 기능은 뇌의 어느 부분에서 맡을까요? 그것을 증명하기 위해 '뇌 과학'이라는 영역이 생기나 봅니다.

원불교 소태산 대종사께서 "마음은 미묘하여 잡으면 있어지고 놓으면 없어진다."라고 하셨습니다. 세상에 어리석은 사람은 다른 사람이 아니라, 제 마음도 제 마음대로 못 하면서 다른 사람 마음을 간섭하는 사람이라고 하셨지요.

뇌가 마음에 있다고 하는 경우가 있긴 할 것 같습니다.

"골치가 아파 죽겠다."

"머리가 복잡해서 산을 하나 이고 있는 것 같다."

내 안에서 일어나는 천만 가지 마음을 알아차리고, 그 마음이 일어나기 전의 마음자리를 알아 마음을 바르고 복이 되는 방향으로 온전하게 쓰는 것이 마음공부입니다. 일어나는 마음의 본래 마음을 직관(直觀)하여 꿰뚫어 아는 것을 견성(見性) 또는 정각(正覺)이라 하고 그 마음을 거울삼아 바로 쓰는 것을 솔성(率性) 또는 정행(正行)이라고 합니다.

"뇌가 마음에 있지 않나?" 하는 그 마음을 1분, 5분이라도 내려놓고 잠시 나를 분별없이 바라보는 시간을 가져보시기 바랍니다. 삶이 여유 있는 나로 돌아올 수 있습니다.

보다 보다 보다

얼마 전, 지인이 큰 수술을 했다는 소식을 듣고 안부 전화를 했습니다.

간병하는 가족의 말이 "지켜'보고' 있으니 안타깝고 그러네요. 아내는 그런 저를 '보고' 도리어 미안해합니다." 하더군요.

엊그제는 노선버스를 타고 교당으로 오는데 좌석에서 아기를 바라보며 어르는 엄마 표정이 마냥 행복해 보였습니다. 아기는 엄마를 보고 방긋방긋 웃더군요.

살아가면서 안 좋은 일이나 좋은 일이나 무관한 일이나 "본다"는 말을 덧붙여 씁니다. 하나같이 눈으로 보는데 그에 앞서 '어떤' 마음이 전제되어 있지요. '지켜' 보고, '바라' 보고, '쏘아' 보고, '흘겨' 보고, '묵묵히' 보고, '사랑스럽게' 보고, '무심히' 보고, '찬찬히' 보고, '대충' 보고…….

그 마음이 눈을 통해 보면서 그렇게 태도로 나타나는 것입니다. 그래서 지금 보고 있는 그것, 듣고 있는 그것, 말하고 있는 그것을 마음이라고 하는 것입니다. 이런 것을 일러 점심(點心) 한다고도 합니다. 그것이 우리가 보통 쓰는 낮에 하는 식사인 점심(lunch)이 된 것입니다.

점심을 잘하면 선업을 짓고 점심을 잘못하며 안 좋은 업을 짓습니다. 자, 이제 어떻게 보시겠습니까?

예뻐서 본다

새벽 좌선을 마치면 운동하기 편한 옷으로 갈아입고 40분간 땀이 날 정도로 걷는 게 요즘 일상이 되었습니다.

잘 가는 코스가 교당 인근 아파트 단지인데 산 아래에 위치한 데다 조경이 공원처럼 잘 되어 있어서 좋습니다. 매일 반려견을 데리고 나온 주민들을 만납니다.

오늘도 한 바퀴 돌고 정문 쪽으로 내려오는데 "자, 가자~ 가자." 하며 뒤에서 뛰어 내려오는 소리가 들렸지요. 반려견인가 싶어 한편으로 비켜섰는데, 아이 엄마가 앞서고 아빠가 아기를 유모차에 태우고 가볍게 뒤따라 뛰었습니다. 아빠는 반바지를 입은 게 아이 엄마 출근길에 바래다주러 가지 싶었습니다. 녹색 신호등이 깜박이자 아이 엄마가 달려갔습니다. 길을 건넌 엄마가 행복한 표정으로 연신 손을 흔들며 버스 정거장으로 걸어가고, 아빠와 아기도 손을 흔듭니다.

그 모습을 보고 있자니 제 마음도 참 싱그러워졌습니다.

며칠 전, 어느 댁을 방문했는데, 외국에 있는 아들에게서 편지가 왔다며 제게 보여주었습니다. 중년에 든 아들이 어느 날 10대인 자기 아이를 빤히 쳐다보고 있었답니다.

“아빠, 왜 그렇게 절 보세요?”

“예뻐서.”

아들은 노년의 어머니께 편지하기를 “제가 어릴 때 어머니께서 저를 그렇게 빤히 바라보셨는데, 그 마음을 이제 알겠습니다. 어머니 저를 항상 그렇게 바라봐주셔서 감사합니다. 어머니 사랑합니다.” 하고 손 글씨로 또박또박 적었더군요.

왜 그렇게 볼까요? 예쁘니까.

원불교 소태산 대종사께서 말씀하셨지요. “좋은 사람이야 누가 잘못 보느냐. 미운 사람 잘 보는 것이 큰 자비심이니라.” 예쁘게 보는 마음도 밉게 보는 마음도 다 나에게서 나왔습니다. 오늘도 항상 좋은 마음만 간직한 채 그 마음으로 바라보는 하루가 되시기를 기도합니다.

내 집 우리 집

어제 서울 한강 변에 새집 살림의 시작을 알리는 거룩한 행사를 하였습니다. 원불교 소태산 기념관. 소태산은 104년 전 원불교를 창시한 교조(教祖)의 존호입니다. 원불교 개교 100주년을 기념하여 지은 이 건물이 신축되기 전, 원불교를 잘 모르시는 분들도 한강 변에 있는 '원불교 서울회관'을 보았다며 아는 체를 하곤 했지요. 40년이 넘은 오래된 건물이 원불교의 랜드마크처럼 되어 있었던 것입니다.

이제 그 자리에 새로운 모습으로 드러나 그 안에 사는 사람들에 의해 그 기능을 발휘할 것입니다. 서울에 숱하게 많은 빌딩에 비하면 그리 큰 건물이 아니지만, 원불교를 정신의 축으로 신앙하고 수행하는 국내외 모든 인연의 정성을 담아 지은 집입니다. 정성을 모은 분들에게는 저 집은 우리 집입니다. 거기에 마음을 둔 모든 이들이 '내' 집이라 여기니 이분들의 마음을 합하여 '우리' 집이 되는 것이지요.

이 집이 어떤 지향점을 갖고 가는가에 따라 널리 세상에 유익을 주는 건물이 되기도 하고 단지 집안의 이익에 한정되는 건물이 될 수도 있습니다. 소태산 대종사께서 원불교 회상을 여신 경륜을 온전하게 살리는 기념관으로서 널리 대중에게 이익이 되는 자리이타(自利利他)의 건물이 되기를 기도합니다.

사전에 보니 집을 '사람이나 동물이 추위, 더위, 비바람 따위를 막고 그 속에 들어 살기 위하여 지은 건물' 그리고 '가정을 이루고 생활하는 집안'이라 풀이하고 있습니다. 집과 그 안에 사는 사람들을 하나로 보고 '집'이라 하는 것이지요.

비슷하게 생긴 집일지라도 그 안에 사는 사람들이 마음이 좋으면 집안이 훈훈함을 느끼지만, 반대로 집안에 사는 이들의 마음이 따로따로이면 냉랭함을 느낍니다. 그것은 그 집안과 인연이 없는 사람도 금세 느끼고 알아차립니다. 훈훈한 집안의 집은 혹 허름해도 들어가서 지내기에 편하지만, 냉랭한 집안의 집은 아무리 외관이나 내부가 좋아도 지내기에 불편합니다.

그래서 저도 1년 중 가장 많은 시간을 머무는 원불교 강남교당이 그렇게 좋은 도량이 되도록 하려고 마음을 쓰고 있습니다. 그게 저 혼자만의 힘으로 이뤄지는 것은 아니겠지요. 교당은 저만의 집이 아니기에 그렇습니다. 여러 인연의 마음이 모여 불사로써 지은 이 도량이 '내' 집이 아니라, '우리' 집이 되도록 하려는 것이지요.

이 집은 원불교에 인연이 된 지 얼마 안 된 도반이나 오래 마음공부를 해온 도반이나 건강과 사는 여건이 좋은 분이나 지금은 사정이 그렇게 되지 못한 분이나 노소 가릴 것 없이 누구에게나 '우리' 집이 되길 바랍니다. 누구나 우리 집으로 알고 편하게 들어와서 안식과 희망과 지혜를 얻고 큰 서원을 세우는 도량이기를 기도합니다.

관심을 놓지 않으면 내 집, 우리 집이 되지만, 관심을 놓아버리면 남의 집, 너희들의 집이 됩니다. 내 집, 우리 집이 되려면 집주인의 마음이 참 소중하겠지요. 원불교의 새로운 랜드마크로 한강 변에 우뚝 선 '소태산 기념관', 모든 이들에게 내 집이면서 우리 집이 되기를 기도합니다.

오늘 내가 짓는 집

비 오는 날만 아니면 아침마다 운동을 하러 갑니다. 운동이라지만 땀이 나게 뛰는 것도 아니라 산책이라 할 수도 있지요. 날마다 가는 길에 만나는 집들이 있습니다. 단독주택 단지라 할 수도 있고 어찌 보면 빌라 단지라 할 수도 있지요. 이른 아침이라 참 조용합니다. 한 집, 한 집 스쳐 지나면서 보면 똑같이 지어진 집이 없습니다.

저 집은 설계자의 마음이 담겨 있습니다. 일부는 주인의 요청을 담아내겠지요. 그리고 설계 이후에는 집을 지은 분들이 마음을 담는 순이지요. 시공자의 마음에 따라 더 좋게 지어질 수도 아쉽게 지어질 수도 있습니다.

몇 달을 걸려 지었을 이 집에는 많은 이들의 마음이 담겨 있는 것입니다. 이처럼 '일체가 마음이 짓는바'라 하는 일체유심조의 이치는 집을 짓는 데도 적용되는 것입니다.

어디 집뿐일까요. 내가 하루를 지내며 만나는 모든 것이 그렇습니다. 하루만이 아니고 한 달, 일 년, 일생이 그렇습니다. 마음으로 지으면서 만나고 그를 만나서 받은 것에 따라 또 마음을 일으켜서 짓고. 살아가면서 받고 짓고, 짓고 받는 그 일이 다 나와 인연이 되어서 맺어진 일입니다. 그 마음을 온전하게 쓰자 하니 마음을 알아야 하겠지요. 마음을 알았으면 잘 유지하다가 인연들을 만날 때마다 일어나는 내 마음을 보아가면서 마음을 원만하게 잘 쓰는 것이 마음공부입니다.

나는 마음을 잘 못 본다고 하는 분들이 있지요. 그렇지 않습니다. 다른 이들과의 관계에서 손해 보고 싶지 않은 경우, '아, 이대로 하면 내가 손해인데.' 하고 마음을 잘 보지요. 몸에 병이 들어 참기 힘든 고통이 올 때도 마음을 봅니다. 도리어 일이 술술 잘 풀리는 순경일 때 마음을 잘 못 봅니다. 마음공부는 처지에 따라서 하기도 했다가 안 하기도 했다가 하는 게 아닙니다. 숨 쉬고 눈 깜박이듯 늘 하는 것이지요.

하루를 지내는 게 어찌 보면 집 짓는 일과 같을 수 있습니다. 아침에 눈을 뜨면 집 지을 공터를 하나씩 받습니다. 하루 계획을 세우는 게 설계이지요. 집 지을 재료는 내 안에서 나오기도 하고 사람들을 만나면서 생기기도 합니다. 그러다가 저녁에 그 집이 잘 지어졌는지 반조해 보는 것입니다.

그렇게 하룻밤을 지내고 이튿날 눈을 뜨면 다시 또 공터를 받습니다. 어제 집을 잘 살폈으면 오늘은 좀 다르겠죠. 오늘 하루도 복된 날이 되시기를 기도합니다.

달집태우기와 진참회(眞懺悔)

어제는 정월 대보름이었죠. 아침 동트기 전, 밥상 위에 오곡밥이 올라온 것을 보고서야 새삼스레 알아차렸습니다. 밤에 오덕훈련원에서 있었던 대보름 행사에 참석했습니다.

6,000일을 훌쩍 넘긴 기도 법회에 이어 성타원 김성예 명창과 젊은 국악인의 흥겨운 공연을 함께 즐기고 훈련원 마당에 오색등을 들고 나갔습니다. 제 키의 곱절은 됨직한 달집 앞에 둥글게 둘러섰지요.

한 해의 액운을 달집의 불길에 태워 날리겠다는 마음과 달집이 온전하게 바로 타 풍년이 오기를 염원하는 마음을 담아 달집태우기를 하지요.

저녁 공양 전 미리 마련된 '서원지'에 각자의 소원, 그리고 태워 보내고 싶은 마장 목록을 적었지요. 진행 교무님께서 각자 적은 '서원지'를 달집 속에 넣으라고 했습니다.

그런데 제 옆에 두툼한 노트 몇 권을 들고 있는 교도님이 서계셨습니다. 작년 정월 대보름 이후, 참회문을 500회 정도 사경하셨다는군요.

이윽고 불길이 솟구쳐 타오르고 저희가 쓴 낱장 서원지는 금세 스러지고 아직 달집이 꼿꼿하게 서 있을 무렵, 교도님은 참회문 사경 노트를 달집 불길에 던져 넣었습니다. 저는 그 모습이 참 성스러워 보였습니다. 500회 사경하는 내내 사참회(事懺悔)를 하셨을 것입니다.

아석소조제악업 개유무시탐진치 종신구의지소생 일체아금개참회
我昔所造諸惡業 皆由無始貪瞋癡 從身口意之所生 一切我今皆懺悔

제가 지은 모든 악업 생각하오니 탐심 진심 어리석음 근본이 되어
몸과 입과 마음으로 지었던 바라 내 이제 모두 깊이깊이 참회합니다.

교도님은 사경 내내 알알이 맺은 참회심을 달집에 넣어 달집 불길에 그 마음마저 날려 보내며 이참회(理懺悔)를 하니 진참회가 되셨겠지요.

죄무자성종심기 심약멸시죄역망 죄망심멸양구공 시즉명위진참회
罪無自性從心起 心若滅時罪亦亡 罪亡心滅兩俱空 是卽名謂眞懺悔

죄업이 자성에는 본래 없으니 마음 따라 모든 죄가 일어났나니
그 마음 멸도되면 죄도 공한 것 모두 공한 그 자리에 그치오리다.

참회문을 500회 사경한 교도님과 그 자리에 참여한 인연들은 물론 강남교당 교도님과 가족들 모두 올 한 해도 우리 마음

에 떠 있는 참 보름달인 법신불 일원상의 위력에 힘입어 모든 마장과 액운을 다 물리치고 큰 은혜 속에 심신 간 행복하게 살아가시기를 축원합니다.

만사혈통?

아침에 신문을 보다가 TV 전원을 켜는데 부제(副題)가 작은 글씨로 '만사혈통'이라고 쓰여 있는 것입니다. "만사혈통? 만사형통인데." 하며 방송을 보니 심혈관(心血管) 질환을 소개하는 중이었습니다. 방송은 내내 어떻게 하면 피를 맑게 하고, 음식 섭취는 어떻게 하며, 운동은 어떻게 해야 하는지 문답식으로 진행되고 있었습니다.

사자성어 원어인 '만사형통(萬事亨通)'은 '모든 일이 뜻대로 잘 풀림 또는 모두 뜻대로 잘 통하고 이루어진다.'라고 하여 일이 잘 이루어진 상태를 말이지요. 여기에 근거하여 '만사혈통(萬事血通)'라는 부제를 단 제작진의 기지에 감탄했습니다. 사람이 피가 잘 통해야 건강하게 산다는 것이겠지요. 살아있는 사람이라면 누구나 다 같이 당하는 일이기에 참 지당한 말입니다.

그런데 눈이 불편한 사람은 눈만 해결되면 더 바랄 게 없으므로 만사안통(萬事眼通), 귀가 불편한 사람은 만사이통(萬事耳通)이라 하지 않을까요.

피가 되었든 눈이 되었든 귀가 되었든 온전할 때는 그저 당연한 것으로 여겨 소중한 줄 모르고 지내다 병이나 사고로 인하여 불편하면 그때야 그게 모든 일의 중심에 서게 되지요.

그런데 사람이 살아가는 중에 마음이 통해야 일이 잘 이루어집니다. '만사심통(萬事心通)'이라고 해야 할까요?

마음이 통하면 자연스레 기운도 통하여 만사기통(萬事氣通)이 됩니다. 통해야 하는 것에는 피도 소중하고 마음도 소중하고 기운도 소중합니다.

원불교 소태산 대종사께서 겨울 한 철 3개월 선(禪)을 마친 제자들에게 "선을 마치고 일상으로 돌아가면 따뜻한 동남풍(東南風)을 불리며 살라."고 당부하신 법문이 있습니다.

"그대들은 마땅히 동남풍 불리는 법을 잘 배워서 천지(天地)의 상생상화(相生相和)하는 도(道)를 널리 실행하여야 할 것이니라. 그런즉, 동남풍 불리는 법은 어떠한 것인가. 이것은 예로부터 모든 부처님과 성자들의 가르침이 다 동남풍 바람을 불리는 법이요, 이 선기(禪期) 중에 여러 가지의 과정(課程)이 또한 동남풍 불리는 법을 훈련한 것이니, 그대들은 각자의 집에 돌아가 그 어떠한 바람을 불리겠는가. 엄동설한에 모든 생령이 음울한 공기 속에서 갖은 고통을 받다가 동남풍의 훈훈한 기운을 만나서 일제히 소생함과 같이 공포에 싸인 생령(사람)이 안심을 얻고, 원망에 싸인 생령이 감사를 얻고, 상극(相克)에 싸인 생령이 상생을 얻고, 죄고에 얽힌 생령이 해탈을 얻고, 타락에 처한 생령이 갱생을 얻어서 가정·사회·국가·세계 어느 곳에든지 당하는 곳마다 화(和)하게 된다면 그 얼마나 거룩하고 장한 일이겠는가. 이것이 곧 내가 가르치는 본의요, 그대들이 행할 바 길이니라. 그러나 이러한 동남풍의 감화는 한갓 설교 언설만으로 주어지는 것이 아니요, 먼저 그대들의 마음 가운데에 깊이 이 동남풍이 마련되어서 심화기화(心和氣和)하며 실천궁행(實踐躬行)하는 데에 이루어지나니, 그대들은 이 선기 중에 배운 바 모든 가르침을 더욱 연마하고 널리 활용하여, 가는 곳마다 항상 동남풍의 주인공이 되라."

내 마음 작용에 따라 찬 기운을 몰고 오는 서북풍도 내 안에서 나오고 따뜻한 동남풍도 내 안에서 나옵니다. 나와 내 주위에 동남풍이 불어야 만사형통(萬事亨通)이 되겠지요.

2월인데 3월 같은 날씨라고 하네요. 그런데 달력을 보니 오늘이 입춘(立春)입니다. 절기는 어느덧 봄의 문턱에 온 것입니다. 봄을 맞으면 내 마음에 따뜻한 동남풍을 찾아 그 기운을 만나는 인연에 불리어 훈훈한 세상 만들어 가시기를 기도합니다.

지금 어떠세요?

신종 코로나 바이러스에 감염된 환자가 급증하고 있습니다. 마침내 정부와 지방자치단체가 지역 확산 차단을 위해 종교계에 집회를 중지해 달라며 간곡한 요청을 보내왔습니다. 원불교도 이러한 요청을 받아들여 제가 봉직하는 강남교당에서는 교도님들이 댁에서 유튜브로 실시간 송출되는 영상을 보며 법회에 임하고 있습니다.

요즘 여러 교도님들께서 교당 교무진을 걱정하는 전화와 메시지를 보내주고 계십니다. 저도 답을 드리면서 연로하신 교도님들께 따로 안부 전화를 올립니다.

"어떠세요? 불안하지 않으신가요?"

"저야 집안에만 있고 밖에 안 나가니 걱정 없습니다. 이게 가라앉을 때까지는 기다려야지요. 제 걱정은 안 하셔도 됩니다. 교무님들이 걱정이지요. 어떠신가요?"

"네. 저희도 괜찮습니다."

이렇듯 외출을 자제하여 서로서로 조심하고 있으니 그 바람에 상점이나 식당에는 손님이 없고 병원에 오는 외래환자도 뚝 떨어졌답니다. 거리도 출퇴근 시간 외에는 한산합니다.

그런데 생각지 않은 일도 있네요. 그간 숨어서 지내던 외국인 불법체류자들을 관련 기관에서 찾아 강제로 출국시키느라 고충이 컸는데, 이제는 바이러스가 무서워 스스로 출국 신청을 하는 이들이 평소의 3배가 넘는다고 합니다.

바이러스는 사람 간에 옮기는 것이라, 부처님도 어찌할 수 없고 신(神)도 어찌할 수 없으니 법회도 쉬고 미사도 쉬고 예배도 쉽니다. 이렇게 조심하는 것은 우선 나를 보호하는 일이 되지만 다른 이를 아끼는 마음도 있는 것입니다. 산 사람이 살아있는 사람에게 불공하는 것이지요.

바이러스를 접하게 된 것도 한마음 일으켜서 된 일이고, 그 바이러스를 전파하게 된 것도 한마음 일으켜서 된 일입니다. 바이러스 확진을 막기 위해 의료진이나 공무원 등 고군분투하는 것도 마음을 일으켜서 하는 일이고 그에 부응하여 일정 기간 활동을 자제하는 것도 마음을 일으켜서 하는 일입니다. 우리는 매일 종교와 관계없이 일체유심조(一切唯心造)를 확실하게 목도(目睹)하고 있습니다.

이 와중에도 상대의 허물을 들춰내느라 여념이 없는 이들도 있습니다. 그들을 보면서 마음공부를 서원한 나의 마음은 어디에 머물러 있는지 잘 살펴야 합니다. 지금은 이 일이 조속히 해소되도록 서로 밀고 서로 당겨줘야 할 때입니다.

원불교 경전에 마음을 다스리는 요목인 솔성요론(率性要論)

이 있습니다. 솔성요론에 이르시기를 "다른 사람의 그릇된 일을 견문하여 자기의 그름은 깨칠지언정 그 그름을 드러내지 말 것이요. 다른 사람의 잘된 일을 견문하여 세상에다 포양하며 그 잘된 일을 잊어버리지 말 것이요."라고 하셨습니다.

사제에 댁에 계시면서 나의 마음이 가는 심행처(心行處)를 보고 분별주착(分別住着)을 끊는 연습을 해보시기 바랍니다. 이에 더하여 이 일로 고통받거나 생명을 상하는 사람이 나날이 줄어지도록 기도를 올려주면 좋겠습니다. 우리가 하는 기도는 추운 겨울이 봄으로 바뀌도록 돌리는 양(陽) 기운을 키워나가는 지공무사(至公無私)한 선업(善業)입니다.

지금처럼 늘 심신 간 안녕하시기를 기도합니다.

집을 새로 짓습니다

아침에 운동할 때 코스를 몇 개 정해두고 다닙니다. 늘 다니던 빌라 단지에 불과 며칠 가지 않은 사이, 오래된 집 하나가 흔적 없이 사라지고 빈 땅만 덩그러니 있었습니다.

1970년대 새마을운동을 전개하면서 주택개량을 한다고 주택 설계도면을 무상 공급한 일이 있었습니다. 그 일로 전국에 똑같은 모양의 단독주택이 지어졌는데, 그런 집이 이 마을에도 있었습니다. 신축한 빌라 사이로 이런 노후 주택이 몇 채 있는데, 집을 새로 짓겠다며 허문 것입니다.

이 집은 40년을 지나온 사이 주인이 몇 번 바뀌었을 수도 있고, 한 번도 바뀌지 않았을 수도 있습니다.

하지만 이제 그 집은 없습니다. 부숴서 훑고 가 벽돌 한 장 남아 있지 않은 그 집을 내 집이라 하지는 않습니다. 마음잡고 정리하니 그렇게 됩니다.

돌이켜보면 비단 눈에 보이는 저 집뿐만 있는 것은 아닙니다. 내 안에도 긴 세월 지닌 이런저런 집들이 있습니다. 그것을 마음이라 할 수 있지요.

그중에는 저 집처럼 수십 년 지닌 마음도 있고, 몇 년이나 1년 혹은 몇 달, 불과 며칠밖에 안 되는 마음도 있습니다.

세상에 태어나 살다가 다른 이와 관계 지으며 살려면 부득이하지요. 그렇게 숱하게 지었던 집도 모두 다 안고 오지는 않았습니다. 헌 집 부수듯 흔적을 없앴고 그 집들에 대한 기억이 희미한 경우도 많지요. 하지만 참 오래도록 가진 집도 있습니다.

더 지니고 있어도 마땅한 집이면 다행이지요. 그런데 혹 욕심으로 가득한 집, 원망으로 가득한 집, 무명(無明)으로 가득한 집들을 내 마음 보따리에 담아두고 있기도 하지요.

어떤 것은 그런 줄 확연히 알면서도 그 집안에 들어앉아 어찌하지 못하는 예도 있습니다.

내 마음에 소유한 집들을 한 집씩 돌아보면서 지금 어떤지 살펴볼 일입니다. 그 세월이 얼마나 긴 시간이었는지, 이대로 안고 가야만 할 집인지, 미련 없이 흔적을 없애도 될 집인지 살펴보고 삼대력(정신수양력, 사리연구력, 작업취사력)을 들이대어 결심해야 합니다.

그것은 내가 해야 할 몫입니다. 그것도 정신 기운 온전하고 몸 기운이 있을 때 해야 나중에 바쁘지 않다고 하셨습니다.

머잖아 저 빈 땅 위에 새 집이 들어설 것입니다. 늘 그랬듯 오늘 하루 눈을 뜨면 내 마음의 빈 땅 위에 또 하나의 집을 짓습니다. 새로 짓는 그 집은 온전한 생각으로 잘 지으시기 바랍니다. 오늘도 만나는 인연과 새로 짓는 마음은 상생(相生)과 감사하는 마음으로 짓기를 기도합니다.

남기고 갈 것과 가지고 갈 것

저도 살아가자니 제 빨래는 제가 하고 지냅니다.

다행히 물질문명의 덕으로 기능이 여럿인 세탁기가 있어서 어려움은 없습니다. 엊그제는 지난해 강남교당에 부임할 때, 전임 교무님이 쓰다가 두고 가신 세제를 다 써서 플라스틱 분리수거 통에 내려놓았습니다.

전임 교무님과 인연이 되었고 저와도 인연이 되었던 세제입니다. 대물림을 받은 것이지요.

인생 살다 보면 먼저 가신 분께 대물림을 받는 것은 이런 소소한 것에서부터 유산(遺産)에 이르기까지 다양합니다. 대물림해주는 것이 받는 처지에서 짐이 될 경우도 있고, 공짜로 얻는 기분이 드는 경우도 있습니다.

그런데 분명 내가 땀 흘려서 이룬 것이 아닌데도 내게 올 것으로 여기고 집착하면 분쟁의 씨앗이 되기도 합니다. 그로 인해 가깝던 사이가 원수같이 되기도 하지요. 그것은 알고 보면 빚인데도 그렇습니다. 아마 눈앞에 가린 그것으로 인해 잘못 알아차려서 그럴 것입니다.

원불교를 여신 소태산 대종사께서 "사람이 나이 40이 되면 죽어가는 보따리를 챙기기 시작해야 죽어갈 때 바쁜 걸음을 치지 않는다."라고 하셨습니다.

한창 일할 나이에 무슨 죽을 보따리 챙길 준비를 하라는 것일까 하고 의구심이 생기겠지요.

나이 40을 '불혹(不惑)'이라 하지요. 죽을 때 내 보따리에 챙기고 가지 못하는 것은 결국 남기고 갈 것입니다. 현명한 사람은 그것을 한두 사람에게만 유익을 주는 곳이 아니라, 여러 사람에게 이익이 될 수 있는 곳에 남기고 갑니다. 보따리를 잘 챙기는 것이지요. 그게 삼세(三世)를 두고 볼 때, 참으로 저축을 잘하고 가는 길입니다.

저도 아직 공부가 완전히 익지 못해서 쓰고 있는 동안은 내 것이라 하며 쓰고 있지만, 언젠가는 남기고 가야 할 것이기에 내 것이라는 집착을 두지 않으려고 마음을 살피며 삽니다.

언젠가 때가 되면 저도 남기고 갈 것은 남기고 가져갈 것만 챙길 것입니다. 저만 그런 게 아니고 이 도량에서 법신불 일원상을 체 받아서 신앙 수행하는 도반님들도 그렇습니다. 그런데 정작 영원한 나의 소유로 가지고 갈 것은 무엇일까요?

소태산 대종사께서 법문으로 그 답을 주셨습니다.

"사람이 평생에 비록 많은 전곡(田穀)을 벌어 놓았다 하더라도 죽을 때에는 하나도 가져가지 못하나니, 하나도 가져가지 못하는 것을 어찌 영원한 내 것이라 하리요. 영원히 나의 소유를 만들기로 하면, 생전에 어느 방면으로든지 남을 위하여 노력과 보시를 많이 하되 상(相)에 주(住着)함이 없는 보시(布施)로써 무루(無漏)의 복덕(福德)을 쌓아야 할 것이요, 참으로 영원한 나의 소유는 정법(正法, 바른 진리를 믿고 따르는 마음)에 대한 서원(誓願)과 그것을 수행한 마음의 힘이니, 서원과 마음공부에 끊임없는 공(功)을 쌓아야 한없는 세상에 혜복(慧福)의 주인공이 되나니라."

점심 공양 후 좋은 사람들과 봄볕 맞으며 산책을 하다 보니 봄꽃이 화사하고 좋더군요. 오늘도 나 스스로 챙겨야 할 마음 보따리 잘 챙기시기 바랍니다.

옥수수만 제 맛이다

대산 종사는 원불교에서 소태산 대종사, 정산 종사를 뒤이어 법통(法統)을 이은 3대 종법사이십니다.

요즘 대산 종사를 가까이에서 모신 제자들의 회고담을 엮은 책을 보고 있습니다.

어느 여름 대산 종사께서 배탈이 나셨답니다. 시봉을 담당한 교무님이 아침 진짓상을 내오려고 방에 들어가니 "음식 맛이 통 없다."라고 하셨답니다.

입맛이 없어 음식 맛을 못 느끼시겠다는 뜻이죠. 때가 여름인지라 감자와 옥수수를 교대로 올려드리고 있었답니다.

점심은 옥수수를 드리기로 하고 옥수수밭에 가신 교무님이 간절히 심고를 올렸답니다.

"법신불 사은님, 대산 종사께서 배탈이 나시어 입맛이 없으시다고 합니다. 오늘 선택된 옥수수는 대산 종사께 드릴 옥수수입니다. 옥수수가 제맛이 나서 대산 종사께서 맛있게 드시고 건강이 회복되게 해주세요."

그리고 옥수수를 골라 따와 잘 쪄서 점심 진지(공양)를 올려드렸답니다.

공양 후 상을 내오려고 들어가니 “오늘 점심은 다른 것은 모르겠고 옥수수만 제맛이다.”라고 말씀하셨답니다. 교무님은 그 후로 손님 접대 시 음식을 하거나 어려운 일을 당하거나 내 힘으로 해결할 수 없는 일을 당할 때마다 스승님께서 기도의 감응을 깨우쳐 주셨기에 그 힘으로 성성을 다했다고 합니다.

그렇지요. 손맛은 물론 정성까지 다한 음식은 누구나 그 맛을 알아차리지요. 음식만 그런 게 아니고 모든 일이 다 그렇습니다. 그래서 마음공부를 하는 사람은 어떤 일을 힘껏 했는데도 기대만큼 되지 않으면 “내 정성이 부족했나 보다.” 하고 받아들인다고 하지요.

정성 들여서 하다가 포기를 하는 이유는 나의 기대 기준에만 잣대를 대고 지나치게 셈을 하거나 이 일이 이제는 나와 관계없다며 게으른 마음을 일으켜서 그렇지요. 그 이유를 멈추어서 바로 바라볼 필요가 있습니다. 바로 보지 못하면 자기합리화를 하게 되어 앞으로 나아가지 못합니다.

코로나19의 영향으로 물 흐르듯 지내왔던 모든 일상이 멈추었고 그 시간이 길어지니 ‘멍하다.’라고 합니다. 멈추어 있으니 한편에서는 함부로 남용해서 상해졌던 것들이 그 사이 많이 회복하고 있다고 합니다.

나도 멈추어 있을 때 그런 나를 묵묵히 관조(觀照)하면서 묵었던 것들이 회생할 수 있도록 하면 이 시간이 절대 무기력하지 않을 것 같습니다.

회심당에서 내려다보는 앞산의 나무들의 잎이 나오는 게 하루가 달라져 연초록 숲을 이루었습니다. 덕분에 숲을 바라보는 제 눈이 싱그러워집니다.

사회적 거리를 유지하자니 모든 도반을 교당에서 만나기에는 아직 시간이 더 필요할 듯합니다. 기다리기 힘드시면 교당 카페에 삼삼오오 오셔서 법정(法情)을 나누시기 바랍니다. 따뜻한 차와 숲, 그리고 벚꽃 진 뒤에 핀 들꽃이 벗이 되어줄 것 같습니다. 그럼 저도 거기에 한 자리 끼겠습니다.

우리들의 큰 생일 4월 28일 대각개교절이 앞에 오고 있습니다. 감사합니다.

30 그리고 30

외출하고 돌아오는 길에 교당 인근에 있는 초등학교 앞을 지납니다. '30'이라는 속도 제한 표지판이 있습니다. 여기에서 300여m쯤 지나서 우회전하여 들어오는 길목에 또 '30'이라는 표지판이 있습니다. 교당 바로 옆에는 실버타운인 더 시그넘 하우스가 있습니다.

하나는 어린이 보호구역이고 또 하나는 노인 보호구역으로 자력(自力)이 없거나 빨리 움직일 수 없는 사람들이 집단으로 머무는 지역이니 천천히 운전하라는 속도 제한 표시입니다.

국회에서 '민식이법'이 제정되어 올해 3월부터 시행되고 있지요. 2019년 9월 11일 충청남도 아산의 어린이 보호구역 건널목에서 교통사고로 숨을 거둔 김민식 어린이의 이름을 따서 붙인 법률안으로, 어린이 보호구역 내 신호등과 과속단속 카메라 설치 의무화 및 구역 내 교통사고 사망 발생 시에 형을 가중 처벌하는 내용을 담고 있습니다. 얼마 전 지방에 내려가 택시를 탔는데, 요즘 택시 기사들이 가장 가기 꺼리는 데가 어린이 교육시설 앞이라고 하더군요. 그래도 조심하면 될 일입니다.

우리가 잊고 사는 게 있지요. 나도 저렇게 어린 시절이 있었고, 그때는 조심조심 조마조마했었지요. 아직 심신 간에 자력이 없던 시절이어서 그랬습니다. 자력이 선 이후로는 '자력 없던 과거' 생각을 잘 안 합니다. 그래서 무심코 습관대로 운전합니다. 그리고 나도 언젠가는 저렇게 늙을 때가 옵니다. 아직 경험을 안 해 본 터라 머잖아 내게 다가올 '자력이 없어질 미래'라는 생각 없이 운전합니다.

원불교 가르침 중에 '타자녀 교육(他子女 教育)'에서는 "내게 자녀가 있거나 없거나 타자녀라도 내 자녀와 같이 교육하기 위하여, 모든 교육기관에 힘 미치는 대로 조력도 하며, 또는 사정이 허락되는 대로 몇 사람이든지 자기가 낳은 셈 치고 교육하라." 하였습니다.

'부모님에게 입은 은혜'에 관하여 "부모가 아니어도 이 몸을 세상에 나타내게 되었으며, 설사 나타났더라도 자력(自力) 없는 몸으로서 저절로 장양될 수 있었을 것인가 하고 생각해보라."라면서 '부모에게 은혜 갚는 길'로 "부모가 무자력할 경우에는 힘 미치는 대로 심지(心志)의 안락과 육체의 봉양을 드릴 것이요, 부모가 생존하시거나 열반(涅槃)하신 후나 힘 미치는 대로 무자력한 타인의 부모라도 내 부모와 같이 보호하라."라고 하였습니다.

정신적·육체적·경제적으로 자력으로 살아가야 한다는 가르침을 전하는 '자력양성(自力養成)'에서는 "자력이 없는 어린이가 되든지, 노혼(老昏)한 늙은이가 되든지, 스스로 어찌할 수 없는 병자가 아니라면 자력을 공부 삼아 양성하여 사람으로서 면할 수 없는 자기의 의무와 책임을 다하는 동시에, 힘 미치는 대로 자력 없는 사람을 보호하라."라고 하였습니다.

저는 이따금 EBS 교육방송에서 방영하는 '세계테마기행'을 봅니다. 소나 양을 방목하는 나라에 사는 국민들은 운전을 하다가도 도로를 가로질러 걸어가는 소떼, 양떼가 다 지나갈 때까지 경적 한 번 안 울리고 기다리더군요. 우리도 하려고 하면 그럴 법한데 잘 안 되는 것은 마음이 급하여 그런 것 같습니다. '30' 표지를 보고 그 앞을 지날 때 속도를 줄이면서 저 속도 제한 표지판을 '내가 자력이 없어서 도움을 받았을 때'와 '내가 장차 자력이 없어져서 도움을 받아야 할 때'를 상기시켜 주는 산 법문(法門)으로 알아차리고, 무자력자를 보호하는 마음으로 유념하면 내 안의 자비로운 마음이 살아날 것입니다.

속도 제한 표지대로 지킨 것이 별일 아닌 것 같지만, 오늘 혹 그 앞을 지날 때 마음을 잘 챙겨서 사고 없이 지나왔다면 오늘 또 하나의 선업(善業)을 지은 것입니다.

오늘도 선업 많이 지으시기 바랍니다.

"그래~ 고맙지, 뭐!"

며칠 전, 여럿이 앉아서 대화하는 자리에 함께했습니다. 한참 이런저런 이야기를 나누더니 요즘 핫이슈인 아파트로 화제가 돌아갔습니다.

자기 소유의 아파트가 있느냐는 질문이 이어졌지요.

"자기는 어때?"

"난 그런 것은 남편에게 맡기고 살았는데 우리 남편은 상대(商大) 출신이 아니라 그런지 어두워. 상대 출신이었으면 진작 마련했을 텐데."

"아주 섭섭하겠네."

"솔직히 결혼 초년에는 우리가 친구네들보다 잘 나갔는데 요즘은 그것으로 평가하니까 어쩌다 마음이 불편할 때가 있긴 해. 그런데 그게 다 비교하는 마음에서 생기는 거더라고. 그런 마음 내려놓으니까 괜찮아지더라고. 그래도 우리 신랑 사람 좋고 가족들 건강하고 빚진 것 없고 아직 서로 경제생활 무난하게 잘하고 있으니 괜찮아."

그 말끝에 덧붙이는 말이 "그래~ 고맙지, 뭐!" 하더군요. 그 자리를 파하고 일어나서 시간이 좀 지났는데도 "그래~ 고맙지, 뭐!" 이 말이 마음에 남아있더군요.

원불교에서는 사람들과의 관계에서 신앙생활 표준으로 "원망생활을 감사생활로 돌리자."라는 가르침을 줍니다. 그분은 평소 그런 맘으로 살고 계신 것입니다. 잘 지내던 인연도 섭섭한 마음이 일어날 때는 그동안 갖고 있던 감사한 마음이 어디로 달아나버리지요. 그럴 때 그 안에서 작은 것일지라도 감사한 면을 찾아서 마음을 돌리라는 것입니다. 그게 생각으로는 미치지만 일을 당할 때마다 자연스레 되기까지는 시간이 걸리고 노력이 따라야 합니다. 그래도 "그래~ 고맙지, 뭐!"라고 되뇌고 또 되뇌면 마음이 차츰 변할 것 같습니다.

원불교 소태산 대종사께서 극락(極樂)과 지옥(地獄)에 대해 법문하시기를 "네 마음이 지옥과 고락을 초월한 자리에 그쳐 있으면 그 자리가 극락이요, 죄복과 고락에 사로잡혀 있으면 그 자리가 지옥이니라."라고 하셨습니다. 삶의 진리에 깨달은 경지가 그 정도에 이르지 못한 사람으로서는 가늠하기 어려울 텐데 달리 쉽게 이해하고 실행할 방법이 있을 것 같습니다.

일상에서 원망하는 마음만 가득하면 생각 생각이 꼬리를 물어 지옥문으로 들어가고, "그래~ 고맙지, 뭐!" 하고 돌리면 금세 극락의 문으로 들어간다고 알면 될 것입니다. 마음으로 잘 안 되면 말로라도 "그래~ 고맙지, 뭐!"라고 한 번 해보세요.

여름 속 가을 소식

여름이 되면 교당에 와서 저를 만나는 인연들이 첫인사로 하는 말이 있습니다. "5층 많이 더우시죠?" 그러면서 전임 교무님이 무척 힘들게 지내셨다는 말을 잊지 않습니다. 제가 머무는 공간은 건물 맨 위층 가장자리에 있어 종일 햇볕을 직접 받으니 참 덥긴 덥습니다만, 요즘은 몇 날 며칠 비가 연이어 와서 더위를 잊고 삽니다. 예년 같으면 불볕더위가 그치지 않은 시기인데, 기록적인 폭우로 인해 사방에서 수해가 난 뉴스를 접하니 차라리 더위를 당하는 게 나을 것 같다는 생각을 합니다.

이렇게 지나고 나면 가을로 자연스레 넘어가겠지요. 이른 새벽부터 그 소식을 알게 됩니다. 장마가 시작되기 전에 앞산에 매미 소리만 가득하였는데, 요즘에는 귀뚜라미 소리가 잦아지더니 매미 소리는 그 속에 간간이 뒤섞여 들리고 있습니다. 곤충들도 철을 저렇게 알고 들어설 자리, 물러갈 자리를 아나 봅니다. 곤충 세계에서도 여름 속에 가을의 세계가 점점 넓혀지고 있는 것이지요.

우리 마음도 그렇지요. 마음 작용 따라 봄기운 같기도 하고, 여름 기운 같기도 하고, 가을 기운, 겨울 기운 같기도 하지요.

그것은 어린 사람은 어린 대로 있고, 연세 드신 분은 그분들대로 계절과 관계없이 있습니다.

다만 마음공부의 정도에 따라 긴 세월 겪어온 경륜에 따라 그 기운을 잘 돌리고 익숙해지는 면은 있지요.

날마다 달마다 내게 또는 내 가정에 다가오는 행복한 일상과 괴로움, 어려움을 가져오는 일상에 따라 내 안의 계절 기운은 달리 반응하는데, 그것을 알아차리고 기운을 돌리는 사람이 있는가 하면 그 안에 빨려 들어가는 사람이 있습니다.

돌리는 힘도 금세 돌리는 사람이 있기도 하고 한참 기운을 써서 넘기는 사람도 있습니다. 그 일을 당하기 전에 마음 기운을 키워 온 사람은 바로 할 수 있지만, 그 힘이 약한 사람은 그만큼 힘에 부칩니다.

원불교에서는 이처럼 마음 작용에 따라 기운을 돌리는 것을 '음양상승(陰陽相勝)'이라고 합니다. 내 안의 음(陰)의 기운과 양(陽)의 기운을 때에 따라 잘 작용하여 좋은 계절 기운으로 바꾼다는 것입니다. 내 앞에 화가 나게 하는 여름 같은 경계(陽)가 오면 반사적으로 여름 기운(陽氣)이 일어나는데 마음 작용으로 내 안의 시원한(또는 차가운) 기운(陰氣)을 일으켜 가을 기운으로 만드는 것이지요.

그것은 마치 우주의 작용에 따라 계절이 바뀌는 것과 같은 이치입니다. 여름은 양(陽)이 극한 것 같은데 가을이 오는 이유는 그 극한 양(陽) 가운데 음(陰) 기운이 있어서 그 기운이 서서히 자라니 가을이 온다는 것입니다. 물론 지구과학의 상식에 따르면 지구가 공전하는 결과에 따라 나타나는 것이지만, 눈에 보이지 않더라도 기운의 작용을 보면 그렇다는 뜻입니다.

우리에게 다가오는 '죄복(罪福)의 길'을 밝힌 '인과보응(因果報應)의 이치'가 '음양상승(陰陽相勝)과 같이 된다.'라는 뜻이 바로 이런 원리를 말합니다. '인과(因果)는 지은 대로 오는 것이니 원망하지 말고 그대로 잘 받기나 하라.'는 체념, 절망의 메시지가 아니라, '그렇지만 알아차려서 잘 돌려 새로 짓는 업(業)을 잘 지으라. 내게 본래 그렇게 할 수 있는 마음공부의 힘이 있다.'라는 희망의 메시지입니다.

귀뚜라미 소리를 들으면서 여름 속의 가을 소식을 잘 받으시기 바랍니다. 일상에서 여름 같은 경계가 오거든 내 안의 귀뚜라미 소리를 계속 울려보세요. 그럼 분명히 달라질 겁니다. 오늘 아침에도 장대비가 쏟아지고 있네요. 이 비가 빨리 그치고 수해 지역이 빨리 복구되어 수해를 입은 분들이 편안한 일상으로 돌아오시기를 기도합니다.

덕분에 100일 기도를 하네요

아래층 선방(禪房)에서 독경 소리가 들려옵니다. 대학입학 수학능력시험을 100일 앞두고 기도가 시작된 것입니다. 귀한 자녀를 위한 부모의 마음을 담아 올리는 간절한 기도인지라 숙연한 기운마저 느껴집니다. 100일 동안 하루도 거르지 않고 정한 시간에 임하여 기도 올리니 더욱 그렇습니다.

기도를 마치고 한 도반님이 편안한 표정을 지으며 말합니다.

"아이 덕분에 제가 100일 기도를 다 하네요."

"그래요. 그렇게 생각하니 아이 덕분이네요."

'덕분'이란 말이 새삼스레 마음에 와 닿았습니다.

원인(原因)과 결과(結果)를 잇대어 말할 때 인과(因果)라는 표현을 하지요. 이것이 있으므로 저것이 있고, 저것이 있으므로 이것이 있다. 원인이 없는 결과는 없다. 우리는 이런 경우 비슷한 뜻으로 '때문에'와 '덕분에'라는 말을 쓰지요. 사전에 보니 '때문'은 '어떤 일의 원인이나 까닭'을 말하고, '덕분'은 '베풀어 준 은혜와 도움'을 말합니다.

그런데 무심코 쓰는 이 말이 그 사용 빈도를 보면 ' 때문에'

는 원인이 되는 어떤 일이나 사람을 원망할 때 많이 쓰지요. "이게 다 너(당신) 때문이야." 반대로 '덕분에'는 그 원인에 대해 고마움을 담아서 긍정적인 뜻으로 쓰곤 합니다. 앞서 소개한 경우와 같겠지요. 사실은 상대가 내게 직접 은혜와 도움을 줘서 그런 경우도 있겠지만, 내가 그렇게 받아들이기 때문에 그 말이 자연스레 나옵니다.

"이게 다 선생님 덕분입니다. 감사합니다."

"이게 다 당신 덕분이에요. 고마워요."

또 하나 아이 덕분에 기도한다는 말끝에 하신 말씀이 긴 여운으로 남아 있습니다. "살면서 100일 기간을 정해 놓고 기도할 일이 얼마나 있겠어요." 시험을 앞둔 자녀를 위해 100일 기도를 하고, 병석에 누워 있는 가족을 위해 100일 기도를 하고, 결혼식을 앞둔 자녀를 위해 100일 기도를 하고, 사업이 어려워져 이를 회복하기 위해 100일 기도를 하고…….

마음공부 하는 우리로서는 달리 100일 기도를 할 수 있을 것 같습니다. 내 안에 일어나는 착심이나 원망심이나 번뇌를 가라앉히고 청정한 마음을 회복하기 위해서, 상극의 인연을 상생으로 풀어가기 위해서, 마음공부의 진급을 위해서, 내생을 준비하며 생사 해탈 공부를 하기 위해서, 국가와 세상의 평화를 위해서도 100일 기도를 할 수 있겠지요.

기도 올리는 100일이라는 기간은 정성을 다하는 하루하루가 더해져서 100일이 됩니다. 기도의 공덕이 혹 시작하면서 내가 기대한 결과가 오지 않는다 해도 100일간 마음에 공들이고 진리 앞에 공들인 그 불사가 헛된 일은 없습니다.

오늘도 정한 시간에 선방에 와서 기도하는 도반들에게 진심으로 감사합니다.

거르고 남은 것

주말 오후, 커피를 한 잔 마십니다. 잘 로스팅된 원두커피를 갈아 여과지 위에 붓고 뜨거운 물을 천천히 원을 그리며 부은 후, 여과지 아래로 떨어지는 커피 방울이 모이기를 기다려야 마실 수 있지요. 커피를 마시며 여과지 위에 남아 있는 커피 찌꺼기를 봅니다.

저 여과지는 커피를 거르는 종이입니다. 잘게 간 커피 원두가 여과지 아래로 내려오면 제대로 된 커피 맛을 보지 못하겠지요. 그런데 커피 찌꺼기는 다시 커피를 내려 마시는 용도로는 쓰지 못합니다. 냄새를 제거하는 용도로나 식물을 기르는 거름으로 유용하게 쓰기도 하지만, 대부분 음식쓰레기로 나가지요. 그것을 두고 아깝다고 생각하거나 미련을 두지 않습니다.

커피 여과지 외에도 거름망의 종류가 많지요.

거름망 구멍의 크기나 용도에 따라 위에 남는 것을 소중하게 생각하기도 하지만, 오히려 아래쪽에 떨어지는 것을 소중하게 여기는 예도 있지요.

우리가 살아가는 과정에도 그런 거름망에 붓고 나면 남는 것이 있습니다. 거름망 위에 남은 것이 붙잡고 있어도 가치 없는 것이라고 할 때, 그런 줄 알면서도 마음에 담아두고 집착하는 사람이 있는가 하면, 그냥 놓아버리고 마음에 품지 않는 사람이 있습니다.

남는 그것은 돈이나 물건, 인연이 되기도 하고 기억이 될 수도 있습니다. 매일, 매달 살펴볼 때 남아있는 그것이 많아 무겁다면 내 거름망의 구멍을 키우든지, 거름망을 키울 수 없다면 용단(勇斷) 있게 버리거나 놓으면 됩니다. 그게 쉽지 않지요. 그래서 '마음공부'라고 하는 것입니다. 공부(工夫)는 '대장간에서 쇠를 붉게 달궈 망치로 잡철(雜鐵)이 다 빠질 때까지 두드리는 것'이라고 하지요.

지혜란 다른 게 아닌 것 같습니다. 거름망 위에 남아있는 그것의 실체를 발견하고, 실체를 알았다면 잘 내려놓는 것이겠지요. 정신 차리지 않으면 인생의 종착역에 가까워져서야 그것을 알아차린다고 하지요.

그때는 지난 세월이 너무 아쉬워서 "-것을 -것을." 한답니다. "진즉에 그렇게 할 것을."의 줄임말입니다.

오늘 마시는 커피 한 잔. 행복하시지요?

하루 종일 네 생각을 해

아침마다 운동하러 걷는 길에 버스정류장 앞을 지나가는데 광고판에 이런 글귀가 적혀 있었습니다.

하루 종일
네 생각을 해
건강한지
안전한지
숨쉬기 편한지

코로나19로 걱정이 많은 시절에 사람들의 마음을 따뜻하게 위로하기 위해 시민들이 많이 이용하는 버스정류장에 게재한 공익광고인 줄 알았습니다. 마음이 따뜻해지더군요. 광고 면을 정기적으로 바꾸는지라 좋은 문구를 금세 기억할 수 없어 사진을 찍어두려고 가던 발길을 되돌려 왔습니다.

그런데 다시 보니 '한지(韓紙)로 만든 마스크' 광고였습니다. 후후 웃고 말았지요. 비록 상업 광고이기는 해도 카피(copy, 광고 문안)가 좋더군요.

부모가 자녀를, 형이 아우를, 스승이 제자를 아끼며 생각하는 마음일 수 있겠지요. 누군가를 위해 염려하고 기도해주는 마음은 멀리 있어도 따뜻함을 느끼게 하고 덕분에 안심하고 살게 됩니다.

원불교 정신 종사께서 "서로 믿는 마음이 없는 사람은 지척(咫尺)에 살아도 천리만리 떠나 있는 사람이요, 믿는 마음이 두터운 사람은 천 리 밖에 있어도 함께 있는 사람이라."라고 법문하셨습니다.

그런데 그렇게 염려하고 기도하는 마음이 더 확장되면 좋을 것 같습니다. 뉴스를 보고 있노라면 상대의 본의를 잊고 흠집내며 살아가는 것을 마치 직업처럼 업으로 삼고 살아가는 사람들이 있습니다. 긴 시간 그것을 보고 있노라면 안 좋은 마음과 안 좋은 기운이 일어나지요. 나와 직접 관련이 없는 사람인데도 그럽니다.

엊그제 홍수 때는 한 시민이 집에서 내려다보니 다리가 서서히 가라앉는 것을 보고 급히 뛰어 내려가 반대편에서 오는 승용차를 못 건너오게 하려고 온 힘을 다해 고함지르며 수신호로 급히 후진하라고 하여 목숨을 살린 일이 있습니다. 그 장면은 몇 번을 반복해서 봐도 좋은 마음과 좋은 기운이 일어나더군요. 내가 눈앞에서 직접 본 일이 아닌데도 그렇습니다.

원불교 소태산 대종사께서 법문하셨지요. "그 사람이 보지 않고 듣지 않는 곳에서라도 미워하고 욕하지 말라. 천지는 기운이 서로 통하고 있는지라 그 사람 모르게 미워하고 욕 한 번

한 일이라도 기운은 먼저 통하여 서로 대질리는 상극(相剋)의 씨가 묻히고, 그 사람 모르게 좋게 여기고 칭찬 한 번 한 일이라도 기운은 먼저 통하여 서로 살리는 상생(相生)의 씨가 묻히었다가 결국 그 연(緣)을 만나면 상생의 씨는 좋은 과(果)를 맺고 상극의 씨는 나쁜 과를 맺느니라."

우리 눈에 보이지 않지만, 천지는 기운을 통해줍니다.

가까운 인연이 되었든 먼 인연이 되었든 남을 위해 기도하고 또 그를 위해 염려하는 마음을 보내면 천지의 기운을 따라 그에게 전해집니다. 오늘 그이에게 내 마음을 담아서 한 번 보내보면 어떨까요?

하루 종일
네 생각을 해
건강한지
안전한지
숨쉬기 편한지

물길을 돌리다

제 고향은 드넓은 들판이 유명해서 벼가 누렇게 익을 즈음 '지평선(地平線)'을 테마로 한 축제가 열리는 고장입니다. 90에 이른 노모께서 계시는 아파트에서는 그 들판이 한눈에 내려다보입니다. 그런 고향이 좋다며 혼자 머물고 계십니다.

엊그제 뵈러 갔더니 TV를 보고 계셨습니다. 공영방송에서는 국회에서 의원들이 외교통일부문 대정부질문을 하는 실황을 중계하고 있었습니다.

코로나19가 위중한 상황임에도 귀한 그 시간을 국가 중요 정책도 아니고 어느 장관 자녀의 건으로 방어와 성토만 이어지고 있더군요. 정권이 바뀌기 몇 년 전 상황과 공수만 바뀌었을 뿐 별반 달라진 게 없는 것 같습니다.

귀가 어두워 무슨 말을 하는지도 모를 제 노모님을 비롯해 그런 정치인들을 둔 국민이 안 됐다는 생각이 들었습니다.

답답한 마음으로 아직 벼가 익지 않은 들녘을 바라보다가 문득 이릴 적 농사짓는 아버지를 따라 논에 갔던 기억이 떠올랐습니다. 긴 가뭄 끝에 논바닥이 거북등처럼 갈라졌었지요.

마침 단비가 내렸습니다.

논 사이 도랑으로 물이 흐르고 있었는데, 아버지께서 삽으로 논둑에 있던 흙을 파서 다른 쪽으로 쌓았습니다.

아저씨가 돌아가셔서 아주머니 혼자 농사짓는 이웃집 논에도 그렇게 해주셨습니다. 그 연유를 여쭈었지요.

“종일 물을 퍼서 옮기고 있을 수 없지 않겠냐. 이렇게 흙을 쌓아 물길만 돌려놓으면 그렇게 힘쓰지 않아도 내일이면 이 논에 물이 가득해질 것이다.”

물길만 돌려주면 된다고 하신 그 말씀이 생각나 어머니가 보시던 TV 채널을 바꿔드렸습니다. 어머니도 잘 아는 가수가 노래를 부르고 있더군요. 내내 무표정으로 TV를 보시더니 금세 표정이 밝아지셨습니다. 역시 못 알아들으시는 것은 마찬가지인데도 말입니다.

살면서 돌려야 할 게 물길만 있는 것은 아닙니다. 마음 길도 그렇지요. 마음이 어딘가에 고착(固着)되어 있는 일이 있지요. 한 사람의 마음일 수 있고, 여러 사람이 같은 마음일 수도 있습니다. 그것이 본인이나 여러 사람에게 이익이 되고 발전이 될 수 있는 일이면 다행인데, 그렇지 않은 일인데도 마음이 한데 묶여 있는 경우가 있습니다.

그렇게 마음 가는 것이 온당하지 않다면 알아차린 사람이 먼저 잘못 가고 있는 그 길을 막아서 마음 길을 돌리면 됩니다.

그런 사람이 하나둘 늘어나야 빨리 바로 잡히겠지요.

개인의 마음도 마찬가지입니다. 살면서 나를 돌아보면 별의 별 생각이 일어나지요. 그 생각들이 마음이 안정된 상태에서는 줄 맞게 하지만, 그렇지 않은 상태이면 종일 마음이 그 길로만 따라갑니다. 그럴 때 밝은 지혜를 일으켜 그 길을 막아야 합니다.

중생은 마음이 어두워서 그게 잘 안 되지요. 부처님 성현들께서 계문을 주신 것도 알고 보면 중생이 악도로 가는 길을 막아 둑을 쌓아서 마음 길을 돌려주는 것입니다.

오늘도 내 마음이 잘못 흐르고 있는 게 보이거든 잘못 흐르는 그쪽에 둑을 단단히 잘 막으시기 바랍니다. 그러면 마음 흐르는 길이 달라집니다.

지금 어디세요?

오전에 신문 기사를 보다가 문득 떠오르는 지인이 있어 오랜만에 안부 전화를 했습니다. 가까운 거리에 노모를 모시고 날마다 찾아뵙는 분입니다.

"지금 어디세요?"

"산에 왔어요."

"오늘 날씨도 좋은데 잘하셨네요. 산 위에는 공기도 좋지요?"

"네, 그렇긴 한데……."

갑자기 목소리에 힘이 떨어졌습니다. 연유를 물으니 천천히 말을 합니다.

"사실은 어머니를 더는 어찌할 수 없어서 노인시설에 모셨는데, 코로나 때문에 면회가 안 돼서 시설이 바라다보이는 산 위에 와 있어요."

마음이 먹먹해졌습니다. 그런데 뒤이어서 하는 말이 새삼스레 다가왔습니다.

"이렇게 있다가 엄마 보내고 나면 그다음은 머잖아 제 차례가 돌아오겠죠?"

칠순이 다가오는 그의 마음도 약해지니 별생각을 다하나 싶어서 위로의 말을 전했습니다.

"아직 건강하신데요, 뭘."

"그래도 준비를 잘해야 할 것 같아요."

인생 황혼(黃昏)을 말하지요. 하루가 기울고 한 생이 기우는 시기를 두고 하는 말입니다. 얼마 남지 않았다고 급하게 생각하면 급하겠지만, 이 하루가 지나고 나서 내일이 온다고 생각하면 그 마음도 여유가 생길 것 같습니다.

사람이 한 생을 살다가 가면 끝이라고 생각할 수 있지요. 그런데 원불교에서는 생로병사를 사계절이 돌고 도는 이치에 비유하여 생사의 문제를 말합니다.

봄, 여름, 가을을 거쳐 겨울을 맞이하는데 이 겨울이 지나면 다시 봄이 오듯, 사람이 생로병사의 과정을 따라 한 생을 마치면 육신은 끝이 나지만 영혼은 죽지 않고 다시 새로운 인연 찾아 태어난다고 합니다. 그래서 육신을 누리는 마지막 시기에 "보따리를 잘 챙기라."고 합니다.

제가 그분에게 위로하는 마음을 전했지만, 사실 세월에 장사 없다고 차례가 다가오는 것은 부인할 수 없지요. 그 시기에 이리저리 살피면서 마음 보따리를 풀어 놓고 참으로 필요한 것만 하나하나 챙기는 공부를 잘해야 할 것 같습니다.

내가 챙겨야 할, 필요한 것이란 재물 보화 등 소중한 소유물도 있겠지만, 이런저런 인연도 있을 것이고 풀고 가야 할 마음,

놓고 가야 할 마음도 있을 것입니다. 그래서 내 힘에 감당할 정도로 보따리를 챙겨 마음도 자유롭고, 생사에도 얽매이지 않고 자유로우며, 죄와 복에 대한 기대나 두려움도 없어야 편안한 일상을 보낼 수 있을 것입니다.

공부하는 사람이라면 노소(老少)를 가리지 말고 누군가 내게 "지금 어디에 있어?"하고 물을 때 그 말을 "지금 어디에서 무엇을 하고 있어?"라는 뜻으로 알아들어야 할 것 같습니다. 내 차례가 다가오고 있어도 두려워할 것 없습니다. 알아차린 지금부터 세월을 허송(虛送)하지 않고 준비를 잘하면 됩니다. 다만 챙겨야 하는 그 일을 누가 대신해줄 수 있는 일인지 아닌지는 직관(直觀)해야 하겠지요.

청명한 가을 하늘 올려다보세요. 저 하늘은 내가 마음이 편안할 때나 우울할 때나 항상 같은 모습으로 있습니다. 저런 하늘이 내 안에도 본래 있습니다. 내게 일어난 마음이 어떻든지 말이죠. 그것을 알아서 얻으면(悟得) 참 자유를 얻습니다.

조석으로 날씨가 쌀쌀해졌네요. 오늘도 보따리 챙기면서 건강도 잘 추스르시기 바랍니다.

비타민 주세요

할머니, 할아버지 손을 잡고 교당에 온 아이가 당무실로 뛰어 들어오더니 합장 인사 반, 배꼽 인사 반 자세로 허리를 깊게 숙입니다. "안녕하세요." 반가운 마음에 "선우 왔어요. 어서 와요." 하며 맞이했습니다. 이 녀석 싱긋이 웃더니 두 손을 모아 펴며 "비타민 주세요." 그럽니다. 순간 왁자지껄하게 웃었습니다. 입에 넣고 사탕처럼 녹여 먹는 비타민제를 장에 넣어두고 어린애들에게 하나씩 꺼내주곤 했는데, 오늘 교당에 오니 달콤한 비타민제 생각이 났던가 봅니다.

교무님이 선우에게 비타민 한 알을 까서 입에 넣어주며 "교무님은 선우를 보는 게 비타민인데!" 그럽니다. 그 말이 참 싱그럽게 들리더군요. 어린아이들을 보면 그 마음이 일어나죠. 그런데 어린아이뿐 아니라 어른을 봐도 그런 마음이 나면 좋겠지요. 오늘 만나는 사람들이 하나같이 그런 사람이기를 기대합니다. 내 앞에 내 곁에는 그런 사람만 있었으면 하지요.

비타민 같은 사람이란 보고 있으면 편안하고 힘이 나는 사람을 말하겠지요. 보고 있으면 마음이 무겁고 힘이 빠지면 먹은 비타민도 달아난다고 할까요? 그런데 내가 바라보는 그에게서만 그 마음을 발견하려 할 것이 아니라, 저 사람이 나를 볼 때는 어떨지도 돌아보아야 할 것 같습니다.

비타민 같은 힘을 사람에게서만 얻는 것이 아닌 것 같습니다. 내가 마음에 드는 장소에 가서 잠시 머물러 있는 것도 그와 마찬가지이겠지요. 음악을 좋아하는 사람, 영화를 좋아하는 사람, 운동이나 여행을 좋아하는 사람 각기 다르겠지요. 때때로 교당을 찾는 것도 역시 기운으로 받는 비타민을 얻기 위한 마음이 있지요.

내가 마음이 살아나 있으면 그 기운이 가까이 있는 사람에게 전해집니다. 넘쳐서 갈 수 있을 만큼 충전하고 있어야 하겠지요. 날마다 수양을 하고 기도를 하는 것도 그렇게 선한 기운을 차곡차곡 쌓아가는 것입니다. 그것은 내가 꺼내 쓸 수도 있고 다른 이가 가져다 쓸 수도 있습니다.

스스로에게 또는 한집에 사는 사람에게 또는 오늘 만나는 이들에게 "나는 비타민 같은 사람인가?" 하고 거울에 비춰보듯 반조해보면 좋겠습니다. 어제까지 못 했다 싶으면 어제는 잊고 오늘부터 한마음 챙겨서 다시 하면 됩니다.

절기로는 입동과 소설이 이미 지났습니다. 어느덧 겨울의 문턱을 넘어선 셈이지요. 비타민은 먹는 그것뿐 아니라 눈으로 보는 비타민, 귀로 듣는 비타민, 말로 전해 받는 비타민, 들이쉬는 숨을 따라 들어오는 비타민, 몸으로 받아들이는 비타민,

마음으로 일으키는 비타민도 있습니다. 비타민 잘 챙겨 드시고 겨울맞이 잘하시기 바랍니다.

놓으면 저절로 드러나는 것을

단풍으로 울긋불긋 물든 산하를 보니 눈이 즐겁습니다. 마음도 흥겹고요. 가을이 우리에게 안겨주는 또 하나의 축복이죠. 한철 지나고 이즈음에 어김없이 단풍이 드는 것을 보면 나무들도 계절을 아는 것 같습니다.

해가 짧아지고 기온이 낮아지면 곧 추운 계절이 온다는 것을 알고 겨울을 지낼 준비를 한다고 합니다. 세포 안에 영양분을 쌓고 수분 증발을 막기 위해 이파리를 떨구는 게 그것이랍니다. 나무나 채소를 기를 때 온전하게 성장하도록 돕기 위해 잔가지를 쳐주거나 이파리를 떼어주는데 나무의 단풍도 실은 이파리를 떨구기 전에 일어나는 일이라고 합니다.

이런 말을 들으면 좀 섭섭하지요.

이파리에 초록색인 엽록소가 워낙 많아서 다른 색깔은 안 보여서 그렇지 저 노란빛이나 붉은빛도 항상 녹색과 함께 있다고 합니다. 찬 바람이 불면 나무는 단백질 효소를 통해 엽록소를 파괴한다고 합니다.

그러면 엽록소에 가려져 있던 노란빛의 크산토필과 붉은색의 카로틴이 드러난다고 합니다. 은행나무와 단풍나무에 그 색소가 많아 유달리 진한 색깔을 드러낸다고 하지요.

그런데 크산토필과 카로틴이 이파리에 있는 진짜 이유는 따로 있다고 합니다. 엽록소가 흡수하지 못하는 약한 빛을 흡수해서 그 에너지를 엽록소에 전달하는 역할을 한다고 합니다. 우리가 알아주지 않아서 그렇지 봄여름 지나도록 꾸준히 일해 온 것이지요.

그러다가 나무가 때를 알아 엽록소를 거두면 원래 있던 저 화려한 빛이 저절로 드러난다는 것입니다.

자연은 참 오묘합니다.

나무도 때가 되면 저렇게 놓을 자리에 놓습니다. 사람 사는 일이 그렇지요. 이것을 놓으면 큰일 날 것으로 알고 끝까지 붙들고 있으려고 합니다.

그런데 정작 그것을 놓으면 또 다른 것이 나타나게 마련입니다. 못 미더워서 억지로 붙잡고 있는 세월이 아깝다는 것을 한참 뒤에야 알아차립니다.

현명한 사람은 기력이 떨어질 즈음에야 도리 없이 놓는 게 아니라, 힘이 있을 때 미리 놓습니다. 정신이 온전할 때 미리미리 정리합니다.

그것은 인연이 되었든 아까운 재물이 되있든 명예가 되었든 마찬가지입니다.

불가에서는 놓지 못하는 마음을 착심(着心)이라고 하지요. 자유가 다른 데 있는 것이 아닙니다. 지금 집착(執着)하고 있는 소유물이나 인연, 그 마음을 놓으면 그 순간 자유를 얻을 수 있지요. 나무가 이파리의 엽록소를 놓으면 원래 있던 단풍 빛이 드러나듯 말입니다. 많은 것들이 그렇지요.

때를 알아차리고 놓으면 저절로 드러나는 게 있습니다. 그것 역시 내 안에 있던 나입니다.

머잖아 저 단풍잎도 말라 떨어지면 발끝에 채는 날이 있겠군요. 나무는 또 겨우살이를 준비하겠지요.

그럼 우리에게도 내일과 내년을 위해 보임(保任)하고 함축(含蓄)해야 하는 때가 온 것이지요.

참 고마운 자연입니다.

우리가 제주도를 먹네요

대학교당에 근무할 때 은혜를 입었던 교수님에게 새로 낸 책을 보내드렸더니, 엊그제 귤을 보내주셨습니다. 후배가 귤 농장을 한다는군요. 참 맛이 있어 당무실(堂務室) 탁자 위에 꺼내 놓았습니다.

주중에 교당을 찾은 도반님이 귤이 참 맛있다면서 "우리가 제주도를 먹네요." 그럽니다. 함께 귤을 드시는 도반이 화두 같은 그 말을 알아듣고 "참, 그러네요." 하고 맞장구를 칩니다. 내 입에 들어간 이 귤은 제주도의 햇볕과 물과 바람과 거름과 땅의 기운을 먹었고, 제주 농부들의 땀이 배어 있으니 귤 하나에 제주도가 담겨 있습니다.

그래서 "제주도를 먹는다."라고 한 것입니다.

그럼 오늘 밥상에 올라온 김장김치를 먹으면서는 어디를 먹는다고 해야 할까요? 일일이 헤아려보자니 가늠할 수 없죠? 그저 빙긋이 웃으시면 됩니다.

질문을 한 분과 답을 할 분이 서로 미소로써 응대하면 됩니다. 굳이 말을 하지 않고 미소 짓는 것만으로도 이심전심(以心傳心)이 되지요.

이렇듯 우리가 먹고 마시는 것, 입고 쓰는 것에는 다 그렇게 무한한 인연들이 담겨 있지요.

원불교에서는 그것을 일러 '없어서는 살 수 없는 은혜(恩惠)'라 하고 그 무한한 은혜를 알아서 은혜를 갚아가는 삶을 살아가는 것이 진리적이고 사실적인 신앙을 하는 자세라고 가르치고 있습니다.

'덕분'이라는 말이 있지요. 덕분은 한자로 '德分'으로 씁니다. 덕은 '큰 덕'자 이지요. '크다'라는 것은 '한이 없다'라는 의미가 있습니다.

그 큰 것을 나눈 것이니 누군가에게 은혜를 입은 데 대해 감사의 표현으로 "덕분입니다."라고 인사말을 합니다. '덕'은 곧 '은혜'를 말하지요.

은혜를 알면 감사하는 마음이 먼저 생깁니다.

하루를 지내면서 내게 일어나는 마음이 '감사'의 비중이 큰지 '원망'의 기준이 큰지 살펴볼 필요가 있습니다. 내가 가진 소유 정도에 관계없이 감사의 비중이 큰 사람은 마음이 여유가 있고 얼굴이 편안합니다.

그래서 마음 부자라고 하지요. 이분에게는 주위에 좋은 기운이 형성됩니다.

반면 원망의 비중이 큰 사람은 마음이 답답하고 표정이 어둡습니다. 그래서 '마음이 가난하다'라고 합니다. 본인은 물론 주위에도 좋지 않은 기운이 어리게 되지요.

사람에 따라 감사할 일을 당해서 당연히 감사해야 하는데도

원망을 하는 경우가 있습니다.

반면 원망할 일을 당해서 응당 원망할 줄 알았는데 감사를 하는 사람이 있습니다.

이분은 진리의 능력을 얻기 시작한 분이라 할 수 있겠지요.

새해가 열린 지 사흘이 지났네요. 올해 가능하면 은혜를 많이 알아차려서 감사 생활로 일관하여 항상 좋은 기운을 받으시고, 좋은 인연을 만나시며, 선업(善業)을 많이 짓는 한 해가 되시기를 염원합니다.

코로나19로 인해 조심조심해서 그럴까요. 하늘은 더 푸르고 공기는 더 달콤합니다.

이게 다 누구의 은혜인가요?

I am your energy

교당 차를 운전하고 흑석동에 다녀오는 길에 빨간 신호등이 켜져 정지하고 있는데 길 건너 주유소 벽에 붙어 있는 글씨가 눈에 들어왔습니다.

"I am your energy."

빛이 바래 있는 것을 보면 저 정유사의 광고 문구로 오랫동안 써왔던 것일 텐데, 그간 무심코 지내오다 그제야 눈에 띈 것입니다. 저 말은 주유 탱크 안에 있는 기름 연료가 제게 하는 말입니다. 게이지를 보니 아직 여유가 있었습니다. 마침 신호등이 바뀌기에 "다음에 놀게. My energy." 하고 지나왔습니다.

살면서 "I am your energy."라며 내 앞에 다가오는 것들이 얼마나 많은가요. 오늘 아침 밥상에서 나를 쳐다보는 밥과 국, 그리고 반찬이 내게 "I am your energy."라고 말하지 않던가요. 아침에 일터로 나를 배웅하는 가족이 문 앞까지 와서 배웅할 때 그 말과 눈빛 역시 다른 표현이었을 뿐 마음은 역시 "I am your energy."였을 것입니다.

하루를 지내면서 내게 에너지를 공급하는 것은 사람도 있고 해, 땅, 공기, 나무, 약, 영양제, 그리고 돈 주고 사서 쓰거나 먹는 게 참 많지요. 너무 많아서 못 느끼고 살 뿐입니다. 그렇게 이루 셀 수 없이 많아서 원불교에서는 그것을 우주만유(宇宙萬有) 또는 천지만물(天地萬物)이라 말합니다. 만(萬)은 숫자 10,000을 의미하는 게 아니라 그 수와 양이 가늠할 수 없을 정도로 많다는 의미입니다.

우주만유의 은혜, 천지만물의 은혜가 바로 나의 에너지입니다. 종교를 신앙하는 분들이 자칫 보이지 않는 신(神)이나 절대자에게서만 그 에너지를 찾지만 정작 너무 많은 것이 내 가까이에 있습니다. 이렇게 무한하고 무량한 은혜를 알면 거기에서 많은 에너지를 받습니다. “I am your energy.”는 곧 은혜를 아는 것이지요.

그런데 은혜를 알면 은혜를 갚는 것이 사람의 도리이지요. 보은하려면 또 알아차려야 할 게 있습니다. “You are my energy.” 생각만 해도 그 마음이 절로 일어나는 사람이 있지요. 반대로 떠올리기만 해도 내 안에 있는 에너지가 빠져나가는 사람이 있습니다. 그런데 그것은 상대에게 문제가 있어서 그럴 수도 있지만 많은 부분은 내 마음에 따라 일어나는 경우가 도리어 더 많습니다. 내 안에 함께 사는 그이를 대할 때 “You are my energy.”의 마음이 있어야 관계가 좋아집니다. 그 마음은 저 사람이 하는 것을 봐가면서 기다렸다가 할 게 아니라 내가 먼저 해야 합니다.

원불교에서는, 우리가 살아가는 현실에서 신앙을 참답게 하는 사람은 은혜를 알아서 은혜를 갚는 지은보은(知恩報恩)을 하는 사람이라고 합니다. 그리고 그 자세는 무아봉공(無我奉公) 즉 '나'라는 울타리를 놓고 널리 공익(公益)을 위해 봉사하는 마음으로 하라고 가르칩니다.

오늘 사랑하는 그분에게 "You are my energy."라는 한마디를 하면 어떨까요? 쑥스러우면 문자라도 보내보세요. 설이 곧 다가오네요. 설은 우리에게 많은 에너지를 주는 날이지요. 그래서 가슴이 설레는 것 같습니다. 하지만 코로나19로 인해 안타깝게도 예년 같은 설을 지낼 수는 없을 것 같습니다. 그래도 설은 어김없이 우리 앞에 다가옵니다. 2월 한 달도 가까운 인연들과 서로서로 "I am your energy." "You are my energy." 이런 마음으로 내내 지내시면 행복할 것 같습니다. 행복한 2월 맞이, 축하드립니다.

끝 마음이 첫 마음 된다

핸드폰이 안 보입니다. 방안과 사무실을 한참 돌아봐도 안 보입니다. 도리 없이 전화를 걸어보았습니다. 그제야 핸드폰을 두기 전에 기도가 있어서 무음으로 해놓았던 기억이 납니다. 교무님 한 분이 노크하고 들어왔습니다.

"교감님, 뭐 하세요?"

"핸드폰이 안 보여서요."

"케이스가 무슨 색깔이었죠?"

그 말에 핸드폰을 금세 찾았습니다. 핸드폰 케이스와 색깔이 비슷한 바닥 위에 올려놓았던 것입니다. 한 달여 전에 새로 핸드폰을 바꾸었는데, 이전 핸드폰의 색깔만 염두에 두고 새로 바꾼 핸드폰의 색깔은 생각하지 못했던 것입니다. 사실은 색이 문제가 아니라 마지막에 어디에 놓아두었는지 무념을 해서 생긴 일이지요. 혹 무념을 하더라도 확연히 다른 색깔 위에 핸드폰을 올려두었으면 빨리 찾았을 것입니다.

끝 마음을 잘 챙기면 첫 마음이 편합니다. 끝 마음이 첫 마음이 되기 때문입니다. 밤에 잠들기 전 어떤 생각에 골똘했거나 좋아하는 드라마에 푹 빠져서 그 상태로 잠이 들면 일어나서 생각하는 첫 마음은 어젯밤 마지막 그것으로 일어납니다.

원불교 정산 종사께서 말씀하시기를 "살아가는 데 참 보배가 있다. 옥으로도 못 견줄, 금으로도 못 견줄 보배. 무슨 보배인고. 평생 닦은 덕(德)이요, 최후 일념(一念)이 맑은 것이다." 라고 하셨습니다.

최후의 한 생각은 하루를 마치면서도 있고, 오랫동안 해오던 어떤 일을 마칠 때도 있고, 한 생을 마칠 때도 갖습니다.

어느 분이 중앙일간지에서 중요한 직책을 맡아 일하다가 더 근무하기 어려운 처지가 되어 이직하려는데 대기업 홍보 담당 책임자로 오라고 해서 옮기게 되었답니다. 이직하기 전 새로 부임할 회사 사장님께 인사를 하러 갔더니 "근무하던 직장 관계자들 다시 안 볼 것처럼 툴툴 털고는 오지 말라."고 충고하시더랍니다. 신임자에게 하는 그 말이 의아했겠지요. 이 분이 새로 온 회사에서 오래 있지 못하고 다시 나가서 전에 근무하던 동종 업종에서 다시 일하게 되었답니다. 어느 식사 자리에서 그 사장님을 만났는데 "그때 그 말씀을 해줘서 감사했습니다."라고 인사를 올리더랍니다.

정산 종사께서 한국전쟁 중 대중에게 훈계하시기를 "늘 척 없는 말을 하며 여진(餘塵) 있는 행(行)을 하라."라고 하셨습니다. 서로 극으로 치닫는 상황이거나 거의 끝나는 상황이 되면 여유가 없어질 수 있지요. 그때 마음을 비우고 여유 있게 행하라고 하신 법문입니다. 사람의 인연이 돌고 도는 것이라 잘 마쳐야 후에 잘 만나기 때문입니다.

대종사께서는 그렇게라도 수용할 정도가 안 될 처지이면 "무심(無心)으로 대하라."고 하셨습니다.

원불교 소태산 대종사께서 말씀하시기를 "사람이 한 생을 살고 명을 마칠 때 최후 일념이 내생의 세일 종자가 되어서 그대로 움이 트고 나오는 것이다. 그러므로 사람의 일생 복 가운데 최후의 일념을 잘 챙겨 가지고 가는 것이 제일 큰 복이 되는 것이다."라고 하셨습니다.

하루 일을 말하려다 한 생의 일까지 말하게 되었습니다. 마음은 살아있는 동안 늘 나와 함께 있기 때문이지요. 내일 평안하고 행복하려면 오늘 밤 마지막 마음을 잘 정리하고, 내생에 좋은 인연 만나 평화롭고 복되게 살려면 이생 최후의 마음을 잘 챙기는 것이 중요할 것 같습니다.

오늘도 핸드폰 잘 내려놓고 사세요. 저 닮지 말고요.

새 마음 새날 새 인연

원불교 교도들은 매년 한 차례 산중(山中)에 있는 훈련원에 수행하러 갑니다. 이른 아침 좌선을 마치면 마당에 내려가 서서 하는 요가를 하지요.

요가를 마친 뒤 함께 하는 구호가 있습니다. "새 마음, 새 몸, 새 생활로 새사람이 되어 새 가정, 새 나라, 새 세계, 새 회상(會上) 이룩하자." 회상이란 종교 공동체를 말합니다.

종교인이 아닌 사람도 이 말만 뺀다면 매일 아침 하루를 시작하면서 해도 될 구호이겠지요?

밤새 안녕해서 아침에 눈을 뜨면 내게 또 하루가 시작됩니다. 어제 어떻게 살았든 그것은 어제 마음, 어제 몸이고 어제 생활, 어제 사람입니다.

오늘 새날을 맞아 대하는 인연들에 새 마음으로 대하자는 다짐이지요. 마치 처음 만난 인연인 듯 귀하게 응대하자는 서원(誓願)이기도 합니다.

보통 그게 안 되니 '새롭게'를 다지는 것입니다.

보통 처음 만났을 때 새롭게 귀하게 대하는 마음을 유지하기가 쉽지 않지요. 꾸밈없이 그렇게 잘하는 사람이 진인(眞人)

일 것입니다.

혹 잘 안 되더라도 처음 그 마음으로 하고 또 하는 것을 일러 원불교에서는 '마음공부'라고 합니다. 마음공부를 잘하면 내게 지혜와 행복을 가져다주기 때문입니다. 그런 사람을 일러 '마음공부 잘하는 사람'이라고 합니다.

원불교 소태산 대종사께서 "모든 학술을 공부하되 쓰는 데에 들어가서는 끊임이 있으나, 마음 작용하는 공부를 하여 놓으면 일 분 일각도 끊임이 없이 활용되나니, 그러므로 마음공부는 모든 공부의 근본이 된다."라고 법문하셨습니다.

집에 아들과 혼인할 며느리를 맞이하면서 어른들이 하는 말이 있습니다.

"새 사람 온다."

귀하게 맞이하는 마음이 담겨 있습니다.

학교에서 학생들을 가르치는 교육자들에게 무엇이 제일 좋냐고 물으니 "졸업을 시키고 나면 그만큼 또 신입생이 와서 좋다고 하더군요. 그분들에도 "새 아이 온다." 하는 마음이 있겠지요. 그래서 두 팔 벌리고 환영합니다.

그런데 요즘 신입생들은 봄기운 받으며 입학하지만, 코로나19로 인해 이즈음에 만끽할 설레는 마음을 허공에 날려 보내는 것 같아 바라보는 저희 마음에 "참 안됐다." 싶은 생각이 가득합니다.

제가 봉직하는 원불교 교당도 마찬가지입니다. 사회적 거리

두기 제한을 두고 법회 참석 인원을 제한하니 새 인연들 찾아오는 일이 뜸해졌습니다.

그래서일까요. 요즘 새로 오는 분은 더 귀하게 여겨집니다. 이분을 맞이하는 마음도 "귀한 새 인연 온다." 하고 맞이하지요.

봄볕이 좋습니다. 한 해의 시작은 1월이지만, 한 해 계절의 시작은 봄이지요.

그런데 하루하루일 뿐 천지가 일부러 구분하지는 않습니다. 그렇게 내게 온 하루가 귀합니다. 오늘도 새마음 새 몸으로 시작하였으니 만나는 인연마다 마치 새 인연을 대하듯 정성을 기울여 하루를 가꿔 가시기를 기도합니다.

이제 미안해하지 않아도 돼요

오랜만에 지인과 통화를 했습니다. 젊은 시절, 아이만 데리고 따로 살 수밖에 없어 동분서주하며 생활하느라 아이를 잘 돌보지 못하고 더욱이 불편한 마음을 아이에게 쏟아내며 키웠다고 합니다. 이제 시집가서 한 가정을 꾸린 딸이건만 항상 미안하다는 말을 입버릇처럼 하고 살았는데, 얼마 전 생일에 딸이 선물을 보내면서 그 안에 편지를 넣었더랍니다.

"엄마, 솔직히 크면서 내내 엄마를 많이 원망했었어요. 아니 박 서방과 결혼하여 신혼 초까지만 해도 그랬어요. 그런데 결혼 후 새로운 인연들을 만나 부대끼고 살면서 엄마를 충분히 이해하게 됐어요. 엄마, 이제는 제게 미안해하지 않아도 돼요. 엄마, 너무너무 고마워요. 사랑해요."

지인은 그 밤에 이불이 젖도록 혼자 울고 웃고 그랬답니다. 자고 났더니 긴 세월 마음에 담아두었던 짐이 어디로 사라지고 없더랍니다. 자기 인생을 그렇게 만들었다고 생각했던 인연들에 대한 미움과 원망도 훨씬 엷어져 있더랍니다.

마음공부를 하다 보면 내 안에 분별주착으로 생긴 마음을 발견하여 내려놓으라고 하지요. 그 말을 이해는 하겠는데, 정작 하려면 잘 안 되지요. 그렇게 스스로 잘 안 되던 것도 제 지인처럼 오래도록 마음에 걸려 있던 인연이 진심을 담아 전해주는 말 한마디에 일순간 내려지기도 하지요. 마치 묵은 업(業)을 내려놓는 게 체한 음식 쑥 내려가는 것과 같습니다.

이처럼 어찌 다행 선연(善緣)이 있으면 다행이지요. 그런데 그것을 자력으로 해보려니 선(명상)과 기도를 하거나 경전을 읽거나 정신의 스승을 만나 문답(問答)하며 무거운 그것을 내려놓으려고 하지요.

그렇게 공을 들여 마음에 밝은 빛이 생기면 나를 가로막고 있는 어둠의 실체를 바로 보아 모두 내려놓게 됩니다.

사과할 때 쓰는 '미안(未安)하다'라는 말은 '마음이 편하지 않다'라는 뜻이지요. 이것을 한글로 풀어서 전한다면 상대가 도리어 기분이 상해 "그래서 나더러 어쩌라고?" 하겠지요. 그런데 거기에는 '(내가 당신을 불편하게 만들어서 내) 마음이 편하지 않다.'란 뜻이 담긴 것 같습니다.

말 한마디로 다른 사람의 무거운 마음을 내릴 수 있게 해주는 것도 복(福)을 짓는 일인 것 같습니다. '감사(感謝)'라는 한자에는 고마운 느낌(感 마음)을 말(言)로 상대에게 건네는(射 쏠 사) 뜻이 담겨 있는 것 같습니다. 서로 믿으니까 그런 인사를 건네는 것이지요.

오늘 아침 문득 믿을 '신(信)'을 왼쪽으로 눕혀서 보니 인(人)

심(心) 구(口) 그러네요. 내(사람) 마음을 말로 전하는 것이 믿음이다. 너무 억지스러운 해석인가요? '미안합니다.' '감사합니다.'라는 말은 오랫동안 불편했던 관계를 해원(解冤)하는 말이고 서로 기운과 마음을 살려주는 상생(相生)의 언어입니다. 사림의 미음을 입으로 전하는 섯은 서로 믿음이 있기에 하는 것이지요. 그 마음을 속에만 담아두지 않고 말로 전하면 그렇게 서로 믿는 관계가 오래갈 것 같습니다.

이른 아침부터 비가 내리고 있네요. 때가 되어서 내리는 비이겠지요. 혹시 '미안하다'라는 말 미뤄두고 있거든 이 비 그치기 전에 건네보세요. 미안하다는 말 전하기에는 비도 내리고 분위기 좋지 않나요? 오늘도 행복한 하루 보내시기 바랍니다.

나의 짝, 반려

산책하는 길에 만나는 짝들이 있습니다. 주인과 반려견(伴侶犬)이죠. 주인이 집을 나서면서 집안에만 있어 답답했을 짝을 앞세우고 나온 것입니다.

반려(伴侶)는 짝이 되는 동무라고 하지요. 일생 함께 사는 배우자를 일러 '반려자'라고 합니다. 사람에 한정하던 '반려'의 의미를 이제 동물과 식물에까지 사용하고 있습니다.

예전에는 사람에게 즐거움을 주기 위해 기르는 동물이라 하여 '애완동물'이라고 불렀는데, 요즈음은 사람과 함께 더불어 살아가는 가족과 같다며 '반려동물'이라 합니다.

개와 고양이뿐만 아니라 앵무새, 고슴도치, 토끼, 햄스터 등으로 종류가 다양해지고 있지요.

연구 결과에 따르면, 반려동물과 함께 생활한 아이는 그렇지 않은 아이에 비해 심리적으로 안정되어 있고, 반려동물과의 지속적인 관계를 통해 감성이나 사회성, 공감하는 능력이 높게 나타나며, 정신 질환을 앓고 있는 노인도 반려동물과 함께 생활하면 심리적인 안정감과 자신감이 높아져서 정신 건강에 큰 도움이 된다고 합니다.

이렇듯 반려동물과 함께 하는 인구가 많다 보니 지상파에서까지 프로그램을 운영하고 있을 정도입니다.

마음공부를 하고 수양을 하는 이들에게 짝을 부르는 호칭이 있습니다. '도반(道伴)', 함께 불도(佛道)를 수행하는 벗, 도(道)로서 사귄 동무를 말합니다.

부부가 같은 공부를 해가면 부부이자 도반이 되고, 형제도 그럴 수 있습니다. 부부가 아닌 사이라도 도반이 됩니다. 이렇게 오랜 세월을 지나다 보면 마음이 이심전심(以心傳心)으로 통하기에 '심우(心友)'라고 합니다.

원불교 3대 종법사인 대산 종사께서 법문에 "창자를 이을 만한 심우가 있느냐. 참으로 행복한 사람이다. 심심상연(心心相連) 해야 한다."라고 하셨습니다. 사람이 서로 다른데 창자를 이어서 살 수는 없지요.

사람은 다르지만, 마음과 마음이 하나로 이어지는 벗이 '참벗, 영원한 벗'이라 하신 말씀이지요.

교당 생활을 함께하는 도반의 부모님이 시골에 혼자 살고 계시는데, 지방에 출장 다녀오는 길에 일부러 먹을거리를 챙겨서 넣어드리고 왔다는 소식을 듣고 마음이 참 따뜻해졌습니다. 살면서 귀한 인연의 첫째는 가족이겠죠. 그것은 다름이 아니라 함께 사는 동안 반려(伴侶)하기 때문입니다. 가족처럼 소중한 나의 짝 '반려'는 있습니까? 어떤 일이 있어도 서로 계교(計較)하거나 사량(思量)하지 않고 더도 말고 덜도 말고 그대로 주고 그대로 받아들이는 벗 말입니다.

만물을 살리는 봄이 옵니다. 생각하고 보기만 해도 나의 기와 마음을 살아나게 하는 참 '반려'를 봄이 지나기 전에 꼭 맺으시기 바랍니다. 멀리 말고 가까이에서 말입니다.

한마음 돌리면 통한다

아침 일찍 좌선을 마치면 7시에 있는 공양 시간까지 걷는 일상을 반복하고 있습니다. 오늘은 제가 봉직하는 교당 인근에 큰 건물을 짓고 있는데 주변 도롯가에 덤프트럭 20여 대가 줄지어 서 있었습니다.

요즘 터파기 공사가 한창인데 차량 통행이 적은 시간에 서둘러 나온 것 같습니다.

큰 차가 정차해 있어서 마지막에 서 있는 차량 끝까지 걸어보니 줄이 제법 길었습니다.

아마 흙을 퍼서 실어줄 굴착기를 운전할 기사가 나오지 않아서 기다리고 있는 것 같았습니다.

40여 분이 지나 그 앞에 다시 올 때까지 차들은 그대로였습니다. 덤프트럭 기사들이 삼삼오오 모인 곳을 지나치는데 굴착기 기사가 빨리 안 온다고 불평을 하였습니다. 굴착기 기사가 올 때까지는 저렇게 기다릴 수밖에 없겠지요.

어디든 어떤 일이든 한 곳이 막히면 그렇습니다.

수년 전 요로결석에 걸려 통증이 심해 혼이 난 적이 있습니다. 결석(結石)이 요로를 막고 있어 몹시 아픈 것입니다. 그게 크면 레이저로 파쇄하고 작으면 물을 많이 마셔 흘려보냅니다. 어떡하든 막고 있는 그 돌을 없애 주면 혼비백산할 정도로 아픈 통증도 언제 그랬냐는 듯 일순간 없어집니다.

서울은 참 교통체증이 심하여 어지간하면 대중교통을 이용하려고 합니다. 어느 날 한낮에 여유 있게 나섰는데도 약속 시각을 맞추지 못할 정도로 체증이 심했습니다.

엉금엉금 가다 보니 도로 한가운데에서 접촉사고가 일어났는데 차주 둘이 실랑이를 하고 있었습니다. 경찰이 와서 사진을 찍고 도로 가장자리로 차를 옮기고 나서야 차량 소통이 원활해졌습니다.

이렇듯 눈에 보이는 세상일만 그런 것이 아닙니다. 가까이 사는 인연과 관계 속에서 소통하는 길이 막혀 있으면 이렇게 번잡한 일이 생깁니다.

그것이 말로 생긴 것이든 마음으로 빚어낸 것이든, 양쪽이 합의하든 어느 일방이 먼저 하든 그것을 뚫어야 불편한 관계가 해소되지요.

그것이 잘 안 되는 것은 문제의 원인이 저편에만 있다고 고집(固執)하고 있어서 그렇지요. 거기에서 고통이 생기고 새로운 악업이 싹트게 됩니다. 내 잘못이 절반 미만이더라도 그것을 먼저 뚫으면 내 안에 있는 자비심이 발현되는 것이고, 내가 먼저 선업을 짓는 셈입니다.

그런가 하면 혼자서 길을 막고 힘들어하는 때도 있습니다. 어떤 사람에 대한 선입견을 품는 경우가 있죠.

나와 그 사람 사이에 있는 통로에 내가 무거운 돌을 하나 놓고 막아서 있는 것입니다. 내가 스스로 치우지 않는 한 그 길은 막혀 있게 됩니다. 살다 보면 별것 아닌데 길을 막고 사는 일이 다반사입니다.

모든 원인은 마음이 어두워서 그 상태가 보이지 않아서 그렇습니다. 설사 보인다고 하더라도 내가 지어서 내가 받는다는 인과의 이치를 확신하지 않기 때문입니다.

원불교 소태산 대종사께서 "아무리 한때 악을 범한 사람이라도 참마음으로 참회하고 공덕을 쌓으면 몸에 악한 기운이 풀어져서 그 앞길이 광명하게 열릴 것이요,

아무리 한때 선을 지은 사람이라도 마음에 원망이나 남을 해칠 마음이 있으면 그 몸에 악한 기운이 싸고돌아서 그 앞길이 암담하게 막힌다."라고 하셨습니다.

2대 종법사인 정산 종사는 "있은즉 막히고 공(空)한즉 통(通)하며, 막힌즉 어둡고 통한즉 밝다."라고 하셨습니다.

3대 종법사인 대산 종사는 "대종사께서 '앞으로는 한 사람의 기운이 천지 기운을 막을 수 있으므로 개미에게라도 기운이 막히면 안 된다.'라고 하셨다. 혹 누가 나에게 불평을 하거나 비난을 한다고 해도 나의 덕이 부족함을 탓할 뿐 상대심을 갖지 말고 내가 먼저 합력하고 길을 터야 한다."라고 하셨습니다.

막히면 이로부터 천만 번뇌가 일어나 고통을 수반합니다. 그런데 그것을 뚫어 통하면 번뇌와 고통이 흔적도 없이 사라집니다. 누가 먼저 해야 할까요?

이 이치를 아는 눈 밝은 사람이 먼저 하면 됩니다. 그게 우선 손해 보는 것 같아도 남는 장사인 듯합니다. 마음 장사요.

오늘도 막힌 곳 있거든 저쪽에서 할 때까지 기다리지 말고 내가 먼저 뚫어서 마음 부자 되시기 바랍니다.

"뚫어~~~!"

입추 뒤에 말복이라

날씨가 무척 덥습니다. 벌써 20개월째 지루하게 끌고 오고 있는 코로나19가 그 끝을 모르고 확산이 되고 있어 마음도 지쳐 있는 마당에 온 더위라 더 그런 것 같습니다. 에어컨 공기를 좋아하지 않는 저도 낮에는 28도에 맞춰 놓고 부득이하게 신세를 지고 있습니다. 그나마 밤에는 덥더라도 에어컨 도움 없이 창문을 열고 잡니다.

그런데 참 묘하지요. 연이은 열대야 속에서 살갗에 스치는 바람에 찬 기운이 살짝 섞여 있습니다. 벌레들 울음소리에도 가을철 벌레들 소리가 하나둘 섞이는가 싶더니 며칠 새 늘었습니다. 혹시나 해서 달력을 보니 오늘이 입추(立秋)네요. 입추 뒤에 말복(末伏)이라더니 가을 첫머리를 알리는 절기의 사흘 뒤가 그날입니다. 어제는 주말을 앞두고 교도님께서 더위를 넘길 음식을 장만해 오셨습니다.

원불교 2대 종법사인 정산 종사께서 이 말복에 즈음하여 삶의 지혜를 일깨워 주신 법문을 해주셨습니다.

"양(陽)이 극(極)한 한더위에 삼복(三伏)이 있나니, 이는 음(陰)이 새로 일어나려다가 극성(極盛)한 양(陽)에게 눌리어 세 번 항복한다는 뜻이니라. 그러나 말복(末伏)이 지나면 양은 차차 쇠해지고 음이 차차 힘을 타게 되나니, 이것이 곧 극(極) 하면 변하고 미(微) 하면 나타나는 우주 자연의 이치라, 정권(政權)의 소장도 그러하며 단체나 개인의 성쇠(盛衰)도 그러하므로, 도인(道人)들은 이 원리를 미리 알아서 그 성(盛)할 때 항상 미리 겸손하고 사양하며 남을 위하나니라." [정산 종사 법어 원리편 36장]

살다 보면 복더위 같은 날이 있지요. 그렇게 힘든 날은 비단 여름만이 아니고 삭풍(朔風) 부는 겨울에도 있습니다. 그것은 마음 작용 따라 일어나고, 인과(因果)의 이치로 인연 따라 생긴 것입니다. 이것이 있으므로 저것이 있고 저것이 있으므로 이것이 있다고 하지요. 이것과 저것 사이에는 내가 있고, 업(業)을 일으키는 나의 마음이 있습니다.

뜨거운 기운이 크게 일어날 때 멈추면 그런 내가 보이고 어떻게 해야 할지 정리가 됩니다. 나의 심력(心力)을 쓰고 정성(精誠)을 다하면 그 고비를 넘기는 경우가 있지만, 우리 같은 범부에게는 한 번에 되는 일이 드물지요. 그렇다고 주저앉지 않고 잠시 힘을 모았다가 다시 또 하고 다시 또 하면 마침내 넘어서게 되지요. 이 무더위를 넘기는 것을 적어도 세 번 이상 진력(盡力)해야 넘어서듯 그 정도는 해야 한다고 천지가 삼복의 이치로써 우리에게 일깨워 주는 것 같습니다.

또 성(盛)할 때 조심하라고 했습니다. 성하면 자만하고 자만이 넘치면 그 힘을 남용(濫用)하게 됩니다. 그러면 인정이 상하고 예기치 않는 악업을 짓게 되지요. 나뿐 아니라 내 가까이에서 그 성한 것에 덕을 보며 사는 인연들이 세(勢)를 형성하여 좋지 않은 역사를 벌입니다.

그래서 성(盛)할 때 미리 겸손하고 사양하라고 하신 것입니다. 이것은 내게 가진 힘을 쓰는 '소비성(消費性) 인과'를 따르는 게 아니라 '저축성(貯蓄性) 인과'를 따르는 것입니다. 한꺼번에 소비할 수 있는 것도 나이고, 미래를 위해 다 쓰지 않고 저축할 수 있는 것도 나입니다. 거기에 내 죄복의 씨인 인(因)이 있고, 그렇게 하여 돌아오는 것이 과(果)입니다.

말복 잘 넘기시고 심신 간 건강한 가운데 가을을 맞이하시기 바랍니다.

안 들으면 들린다

아침마다 걷기 운동을 합니다. 40여 분 동안 걷기만 하니 시간이 아까운 듯싶어 휴대전화의 유튜브를 켜고 들으면서 갑니다. 대체로 TV 교양 프로그램이나 민간연구소 등에서 주관한 특강이나 음악을 듣습니다.

며칠 전에는 특별한 이유 없이 그냥 한번 걷기로 했습니다. 그랬더니 그동안 휴대전화에서 흘러나오는 소리에 집중하느라 듣지 못했던 새소리, 풀벌레 소리, 바람 소리 등 자연의 소리가 들리더군요. 미처 못 보고 지나쳤던 것들도 보이고요. 그 소리, 그 모습 등은 원래 있었던 소리이고 풍경인데 제가 한편에 집중하느라 듣지 못하고 보지 못했던 것입니다.

내가 가진 마음이나 생각, 관점 등도 마찬가지인 것 같습니다. 그렇게 한편에 집착하면 다른 면을 보지 못하고 듣지 못하지요. 불가에서는 그렇게 한편에 집착하는 마음에서 벗어나라는 뜻으로 여러 가지 표현을 합니다. 비우라 공(空), 끊으라 단(斷), 없애라 멸(滅), 놓으라 방(放), 풀라 해(解), 벗으라 탈(脫), 멈추라 지(止), 쉬라 휴(休) 또는 식(息). 이렇게 하면 상대 짓고 나누어(분별 分別) 거기에 머물러 집착(주착 住着)하는 마음을 떠나 참 자유를 얻는다는 가르침입니다.

지금 내가 무겁고 괴롭다고 한다면 나의 감정이나 생각, 마음이 참 자유를 얻지 못하는 처지에 있기 때문이라는 것이지요.

새벽에 일어나 선(禪)을 하면 밤새 잠이 들면서 지난날 낮에 가졌던 가득 찬 그런 마음들이 푹 쉰 이후에 하는 자리가 그럴 것입니다.

그리고 사람들과 관계 짓고 살아가는 일에서도 마찬가지인 것 같습니다. 내가 듣고 싶은 말만 듣고 싶어 하면 그런 말을 하는 사람들과 가깝게 지내려고 합니다. 내가 보고 싶은 것만 보려고 하면 그런 것만 내 앞에 주로 보입니다.

한 생 치열하게 살다가 노년에 시골에서 한가하게 지내는 어른을 뵙고 말씀을 들은 적이 있습니다. "그런 것도 아직 젊어서 기운이 남아 그렇지, 이제는 그러려고 해도 그럴 기운이 없어. 더 하면 뭐할 거야." 하시더군요.

말씀은 그렇게 하시지만, 그간 바삐 살아오신 세월 중에도 그때마다 멈추고 바라보는 지관(止觀)을 쉼 없이 해 오신 적공(積功)이 있으셨을 것입니다.

안 들으면 들립니다. 안 보면 보입니다.

마스크 은덕

코로나19 방역을 위해 너나 할 것 없이 실내외를 막론하고 마스크를 쓰고 사는 것이 일상이 되었습니다. 물론 손을 깨끗하게 씻는 것도 습관이 되고 있지요.

소아청소년과 의사인 지인이 말하기를 코로나 발생 이후 마스크를 쓰고 손을 잘 씻는 게 생활화되면서 병원을 찾는 환자가 뚝 떨어져 병원 운영에 지장이 올 정도라고 했습니다. 걱정하는 말을 건네자 "그래도 안 아프고 사는 게 좋지요." 하더군요.

철 따라 비염 때문에 고생하던 다른 지인은 마스크를 쓴 이후로 그런 철이 있는 줄도 모르고 지냈다고 하더군요. 여성 중에는 가까운 곳을 잠깐 다녀올 때에는 화장을 제대로 안 하고 마스크만 쓰고 다니면 되어서 편리하다고 했습니다.

모두가 마스크 은덕입니다.

저도 요즘 마스크 덕을 보고 있습니다.

저는 3년 전 교단의 인사 명(命)이 있어서 지금 봉직하는 원불교 강남교당에 부임하게 되었습니다.

전임 교무님이 12년 봉직하면서 큰 건축 불사를 이루고 여러 부문으로 성장을 시킨 이후에 부임한 것입니다. 저 역시 전임 교무님 임기처럼 길게 있을 것으로 마음을 다지고 왔습니다.

행복한 첫해를 보내고 본격적으로 교화(불교의 '포교'에 해당하는 말)를 하려는데 예기치 않게 코로나19가 발생하여 비대면 종교 활동이 시작되면서 어려움을 겪게 되었습니다. 나름대로 대처하면서 교화를 하지만, 대면에 비교할 바가 안 되지요. 그런데 부득이하게 중요한 책임을 맡으라는 명(命)을 받아 3년 만에 이임을 해야 하는 사정이 생겼습니다.

지루하게 이어지던 코로나19로 인한 비대면 종교 활동 끝에 이제 정상적으로 대면 종교 활동에 접어드는 즈음에 이임을 하게 되니 교도님들에게 미안한 마음이 가득합니다.

그래서 제 속마음이 담긴 표정을 내보이기 딱한데 마침 누구나 착용하는 마스크를 쓰고 있으니 그 걱정을 덜어줍니다. 실제로 제 표정을 보면 섭섭함과 실망이 더 클 텐데 마스크 은덕에 잘 넘어가게 해줍니다.

지금 내 마음에 일어나는 감정을 다른 이에게 표현하여 서로의 관계가 안 좋아질 것을 분명히 알거든 마스크를 쓰고 그 안에서 감정을 추스르는 것도 좋을 것 같습니다.

마스크는 이렇게 멈추게 하는 은덕, 나쁜 것이 내 안으로 들어오지 못하도록 보호하게 하는 은덕, 내 안의 나쁜 것이 남에게 나가지 않도록 막아주는 은덕이 있는 것 같습니다.

마침내 코로나19로부터 완전히 벗어나 자유를 얻을 즈음에도 마스크 쓰던 시절 겪었던 은덕을 회상하며 잠시 써보는 것도 좋을 것 같습니다. 굳이 눈에 보이는 마스크가 없어도 스스로 마음을 조절할 힘이 있다면 무형의 마스크를 쓰고 사는 셈이 되겠지요.

머잖아 자유를 얻는 시간이 올 것 같습니다.

그 자유는 이 불편함을 잘 참고 지낸 모든 이들에게 진리가 주는 포상입니다. 그 진리가 어디에 있습니까?

지금 내 앞에 있는 당신이 진리입니다.

자곡동 편지

초판 1쇄 **발행** 2021년 12월 22일

지은이 나상호 교무(원불교 강남교당 교감 교무/원불교 교정원장)
만든이 원불교 강남교당 교도회
펴낸이 이재욱
펴낸곳 (주)새로운사람들
편집디자인 김명선
마케팅관리 김종림

등록일 1994년 10월 27일
등록번호 제2-1825호
주소 서울 도봉구 덕릉로 54가길 25(우 01473)
전화 02)2237-3301
팩스 02)2237-3389
이메일 ssbooks@chol.com
홈페이지 http://www.ssbooks.biz

ISBN 978-89-8120-631-4 (03810)

*책값은 뒤표지에 표시되어 있습니다.